PROTÉGER NOS ENFANTS

Leduc s'engage pour une fabrication écoresponsable !
« Des livres pour mieux vivre », c'est la devise de notre maison. Et vivre mieux, c'est vivre en impactant positivement le monde qui nous entoure ! C'est pourquoi nous avons fait le choix de l'écoresponsabilité. Un livre écoresponsable, c'est une impression respectueuse de l'environnement, un papier issu de forêts gérées durablement (papier FSC® ou PEFC), un nombre de kilomètres limité avant d'arriver dans vos mains (90 % de nos livres sont imprimés en Europe, et 40 % en France), un format optimisé pour éviter la gâche papier et un tirage ajusté pour minimiser le pilon !
Pour en savoir plus, rendez-vous sur notre site.

Préparation de copie : Carole Fossati
Relecture : Anne-Lise Martin
Maquette : Laurent Grolleau – Ma petite FaB
Design de couverture : Justine Collin

76, boulevard Pasteur
75015 Paris
ISBN : 979-10-285-3619-0

LAURA RAPP
ALIZÉ BERNARD

PROTÉGER NOS ENFANTS

LES VICTIMES OUBLIÉES DES VIOLENCES CONJUGALES

LEDUC
société

À Alice, mon être de lumière.

À D., ma plus grande fierté.

À Lynaïs, et tous ces anges partis trop tôt.

À tous ces enfants, victimes de maltraitance.

Sommaire

Préface de Mélissa Theuriau 9

Introduction 11

Première partie
PAROLES DE SURVIVANTS 21

Introduction 22

Chapitre 1
Pourquoi il a tué maman ? 25

Chapitre 2
Un avenir incertain 32

Chapitre 3
Dix ans de traque 44

Chapitre 4
Au-delà d'un féminicide 54

Chapitre 5
Je te crois ma fille 59

Chapitre 6
Une lumière au bout du tunnel 68

Chapitre 7
Protection à l'enfance : complice des agresseurs ? 77

Chapitre 8
Un nom de famille : une identité 86

Conclusion 93

Deuxième partie
LES EXPERTS ET EXPERTES 97

Introduction 98

Chapitre 9
Au cœur d'une unité spéciale pour recueillir la parole de l'enfant 103

Chapitre 10
Au cœur de la défense des mineurs : deux avocats 120

Chapitre 11
Au cœur de la protection de l'enfance 140

Chapitre 12
Les soins en psychotraumatisme : un enjeu majeur pour les mineurs victimes 163

Chapitre 13
La protection de l'enfance, un véritable combat politique 178

Chapitre 14
Une association novatrice et visionnaire 197

Atalantes : redonner des ailes à des adolescentes abîmées 209

Conclusion 213

Conclusion – Au-delà des mots 217

Préconisations 221

Boîte à outils juridique par maître Godefroy Arnaud 227

Remerciements 233

Préface

Alizé et Laura ont choisi d'unir leurs forces et leurs espoirs dans cet ouvrage dédié à l'intérêt supérieur de l'enfant. Et leur élan est salutaire. Je sais que leurs expériences personnelles, aussi traumatisantes soient-elles, sont le socle de la lutte qu'elles mènent.

Se battre contre les violences intrafamiliales, c'est avoir le courage de se confronter à l'un des plus grands dénis de notre société. Personne ne veut voir, entendre, et encore moins croire ce qu'il se passe de terrifiant au sein d'un foyer. C'est trop dur à accepter. De fait, la justice continue bien trop souvent de mal évaluer la violence faite aux enfants, et à leurs mères, faute de preuves.

À mon humble niveau, de productrice de documentaires, mais aussi de citoyenne, je fais le même constat que ces deux mères protectrices. Un constat qui gronde et qui ronge de l'intérieur. Je vois des mères qui, dans un silence assourdissant, perdent la garde de leur enfant pour avoir tenté de le protéger. Je vois des pères conserver leurs droits parentaux bien que condamnés pour violences familiales. Je connais des enfants placés en foyer, faute d'avoir été écoutés.

Des enfants bâillonnés par une justice qui préfère encore si souvent ne pas prendre parti et brandir le « conflit conjugal » ou « l'aliénation parentale » pour mettre fin à un combat de protection.

C'est un combat vain, qui laisse tant de femmes et d'enfants dans les bas-fonds de notre humanité.

Lorsque Laura Rapp m'a demandé quelques mots pour introduire leur travail si précieux, nourri par les voix des survivants mais aussi des professionnels impliqués sur le terrain de la protection, je ne pouvais qu'afficher ma solidarité et mon immense respect.

Si la politique globale de la protection de l'enfance est déconsidérée, il faudra bien pourtant un jour se réveiller.

Que nous ayons été abîmés dans l'enfance ou protégés, nous sommes tous concernés et il y a urgence.

Nous payons tous les pots cassés, les hospitalisations à répétition, les ordonnances d'anxiolytiques, les suicides, les internements en unité psychiatrique, les séjours en prison pour des actes de violence reproduits...

Si les associations bien esseulées, si peu dotées, parviennent à poser un pansement sur une plaie béante, nous sommes responsables collectivement de ces enfants fragilisés par la violence dont ils ont été victimes ou témoins.

Et nous savons aujourd'hui chiffrer le coût économique de cette non-protection : c'est 9,7 milliards d'euros par an (estimation basse du déni de prise en charge des victimes par la CIVIISE). Quand ils seront devenus grands, nous savons que leur santé sera fragilisée, et que leur trajectoire devra être soutenue, et encouragée. C'est le prix d'une société plus apaisée.

Laura et Alizé trouvent dans leur combat une multitude de propositions concrètes et faciles à mettre en œuvre. C'est toute la force de ce livre. Et comme elles, je garde cet espoir. Pour leurs enfants.

Pour tous ces enfants si nombreux sur notre territoire, placés, ballottés, silencieux, courageux et cabossés. Je souhaite de tout mon cœur qu'ils soient bientôt accompagnés et sécurisés jusqu'à ce qu'ils volent de leurs propres ailes.

Merci Laura. Merci Alizé. Et bonne lecture à chacun de vous.

Mélissa Theuriau

Introduction

Deux femmes aux parcours de vie différents, mais avec un point commun qui nous relie : la protection des enfants victimes de violences conjugales. **Alizé Bernard**, coautrice de *Silence on cogne*, aux éditions Grasset, 2019 ; **Laura Rapp**, autrice de *Tweeter ou mourir*, aux éditions Michalon, 2021, dont l'histoire a inspiré le téléfilm *Elle m'a sauvée*, diffusé sur M6 le 29 mars 2022 – ainsi qu'un documentaire *Laura : au nom des femmes*. Nous sommes engagées toutes les deux dans la lutte contre les violences faites aux enfants et aux femmes depuis plusieurs années.

Nous nous sommes chacune retrouvées, un jour, confrontées à l'enfer des violences conjugales. Nous avons fait face à une justice dans laquelle le lien au parent violent prime encore trop souvent sur l'intérêt supérieur de l'enfant. Notre histoire est celle de deux destinées qui se sont rencontrées sur les réseaux sociaux pour essayer d'alerter les pouvoirs publics sur la situation alarmante des enfants victimes de violences conjugales : 398 310 enfants[1] passent sous le radar des lois, des politiques publiques, et ne reçoivent pas un accompagnement professionnel par manque de formation et de budgets. Pour eux, les soins adaptés sont aussi impératifs que rares ou impossibles en l'état actuel des choses.

C'est la suite de nos différents parcours semés d'embûches – représentatifs des difficultés parfois insurmontables pour les mères qui luttent pour protéger leurs enfants des parents agresseurs, mais aussi face à l'inertie des pouvoirs publics – que nous avons eu l'envie d'écrire ce livre. À travers cet écrit, nous souhaitons ainsi porter la voix de ces enfants qui sont trop souvent invisibles aux yeux de nos institutions. Essayer par tous les moyens de rendre visibles ceux que la société ne veut pas regarder en face, de rendre audible ce qu'elle ne veut pas entendre.

---

1. *Tableau de bord d'indicateurs. Politique de lutte contre les violences conjugales*, Haut Conseil à l'égalité entre les femmes et les hommes, 2019.

Lors de l'ouverture du Grenelle des violences conjugales, le 3 septembre 2019 à Matignon, Édouard Philippe, alors Premier ministre, a prononcé ces mots : « Tant que les hommes se convaincront qu'ils peuvent frapper la mère de leurs enfants sans être de mauvais pères, on peut, hélas, redouter qu'ils continuent à le faire. » À cette époque, le retrait d'autorité parentale fait exception, ce qui est particulièrement révélateur d'un système patriarcal dans lequel l'intérêt du parent agresseur passe avant celui de l'enfant. L'idée qu'un homme violent peut être un « bon père » est bien trop ancrée dans l'institution judiciaire et notre société.

L'affaire de Julie Douib, mère de deux enfants, assassinée le 3 mars 2019 par son ex-compagnon en Corse, avait suscité une vague d'indignation en France. Ses parents, Lucien et Violetta, ne cesseront de dénoncer que le meurtrier de leur fille gardait des droits sur ses enfants depuis sa prison. Nous avons alors appris que nombreux sont les auteurs de féminicides qui gardent l'autorité parentale. Une aberration... C'est pourquoi ces familles en deuil, les survivantes, les associations et les professionnels alertent les politiques d'agir en urgence afin de protéger les enfants. En 2020, selon le ministère de la Justice, les juges ont ordonné 235 retraits complets de l'autorité parentale à un parent violent ou meurtrier. C'est le début d'une prise de conscience pour les professionnels de la justice.

Il est important de rappeler que l'introduction de l'autorité parentale conjointe dans le Code civil ne date que du *4 juin 1970*[2]. Avant cette date, seul le père avait l'autorité sur ses enfants, la mère ne pouvant prendre aucune décision. Avec cette loi, la notion de chef de famille a été abandonnée, et les deux époux assurent ensemble la direction morale et matérielle de la famille. Passer de la puissance paternelle du Code Napoléon à l'autorité parentale conjointe a été une véritable révolution au niveau de la démocratisation des rapports hommes-femmes.

---

2. Loi n° 70-459 du 4 juin 1970 relative à l'autorité parentale : « Sur l'enfant naturel né avant l'entrée en vigueur de la loi nouvelle, l'autorité parentale demeurera à celui de ses père et mère qui était investi de la puissance paternelle selon l'ancien article 383 du Code civil, si du moins il avait commencé à en exercer les droits et les devoirs. L'autre parent pourra toutefois demander que l'autorité parentale lui soit transférée par application des nouveaux articles 374 et 374-1 du Code civil. »

La loi 2002-35 du 4 mars 2002 dit que « l'autorité parentale est un ensemble de droits et de devoirs ayant pour finalité l'intérêt de l'enfant ». Cette loi donne alors une nouvelle définition et permet une meilleure application du principe de coparentalité.

La France a ratifié la Convention d'Istanbul[3] datant du 4 juillet 2014 qui reconnaît en effet que « les enfants sont des victimes de la violence domestique y compris en tant que témoins de violence au sein de la famille ». En 2019, le GREVIO[4] publie son premier rapport d'évaluation sur la politique de lutte contre les violences faites aux femmes et pointe du doigt les lacunes de la France et notamment le manque de protection et d'accompagnement des enfants victimes de violences domestiques : « Ainsi, le retrait de l'autorité parentale de l'auteur des violences reste exceptionnel, même en cas de condamnation pénale définitive, et ce malgré la persistance du danger encouru par la mère et l'enfant. En dehors des cas de retrait de l'autorité parentale, l'exercice conjoint de la parentalité, notamment sous la forme de la résidence alternée, est généralement maintenu, en méconnaissance de la tendance des parents auteurs des violences à instrumentaliser l'autorité parentale dans le but de maintenir leur contrôle et emprise sur leur ex-conjointe et leurs enfants[5]. » En conservant l'autorité parentale, le père garde une emprise sur la mère par le biais des enfants et continue de perpétrer des violences même après la séparation ou condamnation.

Plusieurs lois se sont succédé ces dernières années pour mieux protéger les enfants victimes, notamment :

- La loi n° 2019-721 du 10 juillet 2019 relative à l'interdiction des violences éducatives ordinaires. La loi proclame que l'autorité parentale s'exerce sans violences physiques ou psychologiques. À cette fin, elle complète l'article 371-1 du Code civil.

---

3. La Convention du Conseil de l'Europe sur la prévention et la lutte contre la violence à l'égard des femmes et la violence domestique, également connue sous le nom de « Convention d'Istanbul », exige des parties qu'elles élaborent des lois, des politiques et des services de soutien pour mettre fin à la violence à l'égard des femmes et à la violence domestique.

4. Le GREVIO est le groupe d'experts indépendants chargés de suivre la mise en œuvre par les États parties à la Convention d'Istanbul.

5. *Rapport d'évaluation (de référence) du GREVIO sur les mesures d'ordre législatif et autres donnant effet aux dispositions de la Convention du Conseil de l'Europe sur la prévention et la lutte contre la violence à l'égard des femmes et la violence domestique (Convention d'Istanbul)*, France, p. 57.

- La loi d'Aurélien Pradié du 28 décembre 2019 a instauré une suspension de l'autorité parentale de six mois en cas de crime d'un parent contre l'autre.
- La loi du 12 mars 2024 d'Isabelle Santiago va permettre de rendre plus systématique le retrait total de l'autorité parentale en cas de condamnations pour agression sexuelle ou viol incestueux, ou autre crime sur son enfant ou sur l'autre parent.

À travers ces lois, nous reconnaissons un éveil politique et juridique sur le sujet. Toutefois, face à l'ampleur du nombre d'enfants victimes de violences intrafamiliales, de violences sexuelles et d'infanticides en France, il est nécessaire d'opter pour une politique globale de la protection de l'enfance.

On se souvient d'histoires tragiques sur des mineurs qui ont connu un fort écho médiatique et ont marqué la France. En 2013, celle de la petite Fiona, cinq ans, battue à mort avant d'être enterrée par sa mère et son beau-père. En 2016, celle de Tony, trois ans et demi, qui a été tué par son beau-père après avoir vécu un calvaire. Ces infanticides vont émouvoir la société. Hélas, à notre plus grand regret, ils retombent rapidement dans l'oubli. Nous constatons également que bien souvent les infanticides font rarement la une des grands médias, relégués aux rubriques des faits divers lorsqu'ils sont relayés. Un constat amer qui laisse entendre que notre société ne veut pas voir les meurtres d'enfants tués par l'un de leurs parents. Pour notre inconscient collectif, ces meurtres sont impensables.

Les infanticides sont un des angles morts de la lutte contre les violences faites aux enfants : un enfant est tué tous les six jours par l'un de ses parents[6]. En 2023, selon l'association La Voix de l'enfant, 60 enfants ont été tués par un de leurs parents. Les chiffres sont difficiles à connaître tant qu'il n'existe pas de recensement annuel officiel à l'échelle nationale. Il est impératif de comptabiliser ces infanticides et de faire des distinctions entre ceux qui sont tués à la naissance ; ceux qui sont tués par le syndrome du bébé secoué ; ceux qui sont tués par des violences à répétition ; ceux qui sont tués à la suite d'une séparation pour

6. *Rapport de l'inspection générale des affaires sociales (IGAS)*, 2019.

« punir » l'autre parent. Cela permettrait de mieux comprendre les mécanismes de ces meurtres et ainsi les éviter.

L'Espagne a officiellement introduit la distinction des féminicides par procuration en janvier 2022, dans le cadre d'une révision de sa législation contre les violences de genre. Cette forme de féminicide concerne l'assassinat d'une tierce personne dans le but de nuire à une femme. Le pays a aussi étendu sa définition de féminicide pour inclure d'autres formes, telles que les féminicides familiaux (commis par des membres de la famille) et sociaux (dans un contexte de discrimination sociale ou de haine), au-delà du cadre conjugal ou intime traditionnellement visé par cette législation.

Ce changement marque une étape importante dans la législation espagnole, qui a progressivement renforcé les protections contre la violence de genre depuis les années 1990. Depuis l'adoption de la première loi spécifique contre les violences conjugales en 2004, l'Espagne s'est imposée comme l'un des pays pionniers en Europe en matière de droits des femmes et de lutte contre les violences sexistes. Le pays continue d'innover sur ce sujet en réponse aux mouvements féministes et à l'engagement des institutions espagnoles pour lutter contre toutes les formes de violences basées sur le genre[7].

En Espagne, entre janvier 2022 et octobre 2023, environ 26 féminicides dits « par procuration » ont été recensés. Ces actes sont perpétrés contre des proches de la victime ciblée (souvent les enfants) pour blesser indirectement une femme, généralement l'ex-partenaire de l'agresseur, et sont intégrés aux statistiques de féminicides depuis l'extension de la définition en 2022. Au total, en Espagne, on comptabilise 54 féminicides depuis le début de l'année 2023, incluant cette forme indirecte de violence.

En France, les chiffres sont plus élevés, avec environ 103 féminicides par (ex-)compagnon en 2023, auxquels s'ajoutent vingt-deux victimes « tiers » (dont dix-huit enfants) tuées dans des situations semblables, souvent pour causer une souffrance accrue aux femmes survivantes. Les associations françaises

---

7. Pour en savoir plus : (RTS), « L'Espagne va élargir la définition de féminicide dès janvier prochain », *Radio Télévision Suisse*, 2022.

suivent ce type de statistiques bien que le concept juridique du « féminicide par procuration » soit moins formalisé que dans la législation espagnole[8].

Chaque année, c'est aussi 160 000 enfants qui sont victimes de violences sexuelles[9]. Depuis quelques années, nous assistons à un tsunami de témoignages de victimes d'inceste dans l'espace médiatique et sur les réseaux sociaux, notamment grâce à la création de #metooinceste, le 17 janvier 2021. Des personnalités ont également pris la parole et brisent le silence à travers des livres. Nous pouvons citer Camille Kouchner avec son livre *La Familia grande*[10] ou encore plus récemment l'actrice Vahina Giocante, victime d'inceste par son père qui raconte sa reconstruction dans son livre, *À corps ouvert*[11]. Dans la foulée, le 23 janvier 2021, Emmanuel Macron annonce la création de la Commission indépendante sur l'inceste et les violences sexuelles faites aux enfants (CIIVISE) qui sera présidée par Nathalie Mathieu et le juge Édouard Durand. C'est cette commission qui a permis de mettre en lumière le nombre tristement vertigineux de cas de violences sexuelles sur les enfants, et notamment d'incestes dans notre société. Pourtant, nous ne pouvons oublier Éva Thomas, la première victime d'inceste à avoir témoigné à la télévision en 1986, pendant l'émission *Les dossiers de l'écran*. À chaque nouveau témoignage, c'est comme si nous découvrions l'horreur pour la première fois. Symbole d'un crime encore trop souvent soumis au silence ou remis en doute, et du déni de notre société.

Le doute persiste jusque dans les sphères policières et judiciaires, notamment lorsqu'il s'agit de la parole de l'enfant. Il existe des disparités sur le territoire dans le recueil de la parole des enfants victimes de maltraitance par la police ou la gendarmerie, résultant souvent d'un manque de formation ainsi que de moyens humains. Il reste encore des efforts à réaliser sur le recueil de la parole de l'enfant.

---

8. « Statistiques 2023 », *Féminicides.fr*, 2023.

9. *La justice protège-t-elle les enfants en danger ? État des lieux d'un système qui craque*, Rapport du Syndicat de la magistrature, 2024.

10. Camille Kouchner, *La Familia grande*, Paris, Éditions du Seuil, 2021.

11. Vahina Giocante, *À corps ouvert*, Paris, Éditions Robert Laffont, 2022.

Et que faire lorsqu'en plus nous portons un lourd fardeau : le nom de notre agresseur ? Heureusement, en 2022 est promulguée la loi Vignal (qui a pris effet le 1er juillet) qui permet de simplifier la procédure de changement de nom de famille une fois dans sa vie. À sa majorité, une personne qui le désire pourra choisir de prendre le nom de sa mère ou de son père. Cela peut permettre de réparer en partie les souffrances endurées par des adultes au cours de leur enfance. D'ailleurs, souvenons-nous des mots forts d'une survivante, repris par le ministre de la Justice, Éric Dupont-Moretti, au moment de l'examen de la proposition de loi Vignal : « Les mots de cette femme de 70 ans qui, dans une lettre, me disait avoir été violée par son père et ne pas vouloir que son nom, qu'elle porte comme une souffrance, soit gravé sur sa tombe. »

Selon une enquête de l'Insee publiée fin avril 2024 : « 144 100 personnes ont changé de nom entre août 2022 et décembre 2023, soit trois fois plus que pendant la période de même durée qui précède. »

Un état des lieux de la justice chargée de protéger les enfants émanant du Syndicat de la magistrature a été rendu public en mai 2024[12]. Il dénonce la défaillance judiciaire de la protection de l'enfance et l'absence d'application des lois par des magistrats qui reconnaissent ne pas toujours pouvoir agir dans l'intérêt supérieur de l'enfant. Des chiffres nous interpellent particulièrement :

- 522 juges des enfants sont chargés de suivre 254 673 enfants en danger faisant l'objet d'une mesure judiciaire de protection de l'enfance. En théorie, un juge des enfants devrait suivre 325 situations (un enfant ou une fratrie). En pratique, 50 % des juges des enfants suivent 450 situations ou plus (soit au moins 800 enfants).
- 77 % des juges des enfants ont déjà renoncé à prendre des décisions de placement d'enfants en danger dans leur famille en raison de l'absence de place ou de structure adaptée à leur accueil.

C'est un rapport édifiant qui nous montre que dans de nombreux départements, des enfants confiés à l'aide sociale à l'enfance

---

12. *La justice protège-t-elle les enfants en danger ?*, *op. cit.*

(ASE) restent dans leur famille maltraitante, faute de places d'accueil. Il y a un véritable manque de moyens humains et financiers de la justice pour protéger les mineurs en danger. En parallèle, ces dernières années, se multiplient les prises de parole comme celle de Lyes Louffok (militant des droits de l'enfant et essayiste) concernant les dysfonctionnements de la prise en charge des enfants par l'État. L'aide sociale à l'enfance est souvent pointée du doigt par les médias au sujet des maltraitances que peuvent subir des mineurs placés dans des foyers ou des familles d'accueil. Une situation extrêmement grave qui a conduit la députée Isabelle Santiago a créé une commission d'enquête sur les manquements des politiques de protection de l'enfance, le 30 avril 2024. Isabelle Santiago estime que l'aide sociale à l'enfance est, aujourd'hui, à bout de souffle et qu'il est temps de proposer des solutions aux dysfonctionnements pour y remédier.

Un rapport de l'Académie nationale de médecine[13] sur la maltraitance physique de l'enfant souligne l'urgence d'améliorer le repérage et la prise en charge dans le secteur de la santé des enfants maltraités et pointe le manque de moyens humains dans les UAPED[14], en pédopsychiatrie, médecine scolaire et PMI[15]. Les auteurs alertent sur le fait que « les violences subies durant l'enfance représentent une lourde perte de chance en termes d'espérance de vie, de santé, de développement et d'insertion ». Le manque de prise en charge au niveau médical est un problème majeur pour les enfants victimes de maltraitance et il est impératif d'y remédier.

Nous reconnaissons des évolutions au niveau législatif en ce qui concerne l'intérêt supérieur de l'enfant ainsi qu'un début de prise de conscience de la part des politiques et de la société. Pourtant, la situation ne s'améliore pas : les lois sont trop peu appliquées et il y a un fort manque de moyens humains et financiers pour une bonne prise en charge des victimes.

À travers ce livre, nous souhaitons montrer qu'il est urgent d'agir pour protéger ces enfants et que nous sommes face à un

---

13. *Maltraitance physique chez l'enfant*, rapport du 30 avril 2024 de l'Académie nationale de médecine.

14. Unité d'accueil pédiatrique Enfance en danger.

15. Protection maternelle et infantile.

enjeu sociétal. Quelle société veut-on pour demain ? Comment peut-on penser à l'avenir des enfants de demain en oubliant ceux d'aujourd'hui ? Comment peut-on construire un monde meilleur en oubliant une partie de la société ?

Nous voulons montrer par ailleurs que notre combat doit devenir le combat de toute la société. Nous n'avons pas le pouvoir de changer les choses seules, c'est ensemble et unis que nous pourrons faire en sorte que nos enfants grandissent dans un monde meilleur où protéger un enfant deviendra la règle et non l'exception. Il n'est pas possible de parler de ce fameux monde nouveau en politique sans évoquer la protection des enfants victimes de violences conjugales et intrafamiliales.

Nous ne pouvons plus nous permettre uniquement de parler, il est temps d'agir. C'est pourquoi, en partant de nos expériences personnelles et d'autres témoignages, ainsi que de nos rencontres sur le terrain et des recherches scientifiques, nous avons décidé d'écrire des propositions concrètes pour remédier aux dysfonctionnements de nos institutions et changer les choses. Bien sûr, des choses ont déjà été mises en place : des lois, des formations, des institutions et associations. Des médecins et chercheurs ont déjà présenté des recherches scientifiques publiées en psychologie, neurosciences, médecine et sciences sociales sur l'effet traumatisant, majeur et durable des violences domestiques sur les enfants dans tous leurs domaines de vie : la santé psychologique et physique, l'éducation, le développement des relations, les loisirs, la probabilité de comportement à risque ou violent et celle de redevenir victime. Malgré tout, la route est encore longue pour accueillir la parole, accompagner, défendre et protéger les enfants victimes.

Nous avons voulu écrire ce livre à l'unisson pour montrer la dimension collective, de solidarité et d'union pour avancer dans ce combat universel, un combat du cœur. Plusieurs voix de femmes et d'hommes – victimes, témoins et personnalités engagées – qui ne forment plus qu'une seule et même voix, celle des enfants victimes de violences.

Il est temps que les politiques et la société ouvrent les yeux sur ces violences intrafamiliales pour briser cette chaîne de la violence et penser à la vie que nous voulons pour eux.

Première partie

PAROLES DE SURVIVANTS

« On ne voit bien qu'avec le cœur,
l'essentiel est invisible pour les yeux. »

Antoine de Saint-Exupéry

Introduction

Il nous apparaît bien souvent impensable qu'un adulte puisse commettre des violences sexuelles ou physiques sur un enfant, surtout lorsque ces violences sont commises par celles et ceux qui sont censés nous protéger et représenter la sécurité : nos parents, notre famille.

Pourtant, les chiffres sont accablants :

- L'enquête Inserm-Ciase a montré que, parmi la population adulte, 3,9 millions de femmes et 1,5 million d'hommes avaient été victimes de violences sexuelles dans leur enfance. Les filles sont plus souvent victimes de violences sexuelles que les garçons, représentant près des trois quarts des victimes[16] ;
- Selon le rapport de l'Académie nationale de médecine, un enfant sur dix est maltraité, toutes catégories de maltraitance confondues[17] ;
- Un enfant est tué tous les cinq jours sous les coups d'un parent[18].

Des chiffres qui nous frappent en plein dans le cœur et qui nous obligent à regarder ce que la société ne veut pas voir : le scandale des violences faites aux enfants.

À travers nos deux histoires marquées par des violences conjugales et celles d'autres personnes, nous souhaitons faire résonner la voix de survivants et de survivantes qui ont dû faire face, pour certains, à l'horreur dans leur enfance ; et mener un combat douloureux pour briser le silence dans le cercle familial. Des femmes, des hommes, des mineurs ont fait preuve d'une générosité incroyable en nous livrant leur histoire douloureuse,

---

16. *Sociologie des violences sexuelles au sein de l'Église catholique en France (1950-2020)*, Inserm-IRIS-EHESS, octobre 2021. Extrait de *Violences sexuelles faites aux enfants : repérer et signaler*, livret de formation des professionnels « Mélissa et les autres », rédigé par Édouard Durand et Alice Gayraud.

17. *Rapport de l'Académie nationale de médecine* du 30 avril 2024.

18. *Rapport de l'Académie nationale de médecine* du 30 avril 2024.

empreinte de la violence familiale, avec sincérité et dignité : ils sont tous différents et uniques, mais nous pourrions tous être l'un d'entre eux.

Ils nous ont donné leur confiance, ce qui est loin d'être facile lorsqu'on a été victime du pire de ce que l'humanité peut engendrer, en nous dévoilant les aspects les plus sombres de leur vie : les cauchemars de leur enfance, leurs émotions, leur solitude, leur lutte pour survivre, leur lente descente aux enfers, leur traumatisme, les conséquences psychiques et physiques de ces violences, leur lien avec la justice, mais aussi ces îlots de lumière auxquels ils se sont raccrochés dans leur survie. De leurs parcours se dégage aussi une rage de vivre qu'ils souhaitent vous communiquer.

Dans cette partie, vous découvrirez huit témoignages bouleversants qui suscitent également de nombreuses questions quant à la capacité de notre société et de nos institutions à protéger nos enfants. Au point même, parfois, de faire subir une double peine à ces jeunes victimes en les confrontant en plus aux violences institutionnelles.

Ces témoignages nous montrent aussi la complexité des ressentis dans le cadre de violences conjugales et intrafamiliales. Les mineurs se retrouvent tiraillés entre des sentiments d'amour et de joie, mais aussi de colère et de haine envers celles et ceux qui sont censés les chérir et les protéger. Le poids du silence, souvent imposé par leur entourage, les isole. Ils peuvent, par exemple, faire face au déni d'une mère ne reconnaissant pas les violences d'un père ou encore à une mère sacrifiant sa propre vie pour sauver celle de ses enfants...

En 2016, selon une étude publiée par le ministère de l'Intérieur[19], 123 femmes ont été assassinées par leur conjoint ou ex-conjoint. Et dans nombre de ces féminicides, des victimes invisibles, les enfants devenus orphelins. Un chapitre sera consacré à l'histoire de Noé[20], fils de Carine, l'une des victimes de cette trop longue liste de féminicides, dont la vie d'enfant a basculé du jour au lendemain. Christelle, sa tante, qui l'a recueilli, nous

---

19. *Étude nationale sur les morts violentes au sein du couple*, du ministère de l'Intérieur, 2016.

20. Prénom modifié.

parlera du parcours administratif et judiciaire semé d'obstacles pour protéger Noé.

Le témoignage déchirant d'Élie dont la compagne enceinte de huit mois a été assassinée par son ex-compagnon. Il nous parlera de sa petite fille Lynaïs qui n'aura jamais vu le jour et de sa souffrance de ne pas avoir pu la faire reconnaître comme une victime d'un point de vue juridique.

Deux témoignages saisissants sur l'inceste qui nous font entrapercevoir la souffrance du poids du silence à l'intérieur du cercle familial et bien souvent le déni de la société face à ces violences atroces. Ces enfants, victimes de violences sexuelles, meurent aussi du silence des adultes qui les entourent et de celles et ceux qui préfèrent détourner le regard face à l'indicible. Ces histoires nous poussent à nous poser des questions : pourquoi un enfant garde-t-il le secret ? Pourquoi est-il si difficile de briser ce silence qui fait tant de bruit ? Pourquoi est-il si difficile de croire un enfant, victime de violences sexuelles ? Comment arrive-t-on à avancer après de graves traumatismes dans l'enfance ?

Nous reviendrons avec Khatidja, 45 ans, sur nos parcours marqués par les violences conjugales et les épreuves auxquelles nous avons dû faire face pour protéger nos enfants, confrontées à une justice qui commence à peine à reconnaître qu'un homme violent n'est pas un bon père. Nous évoquerons également les conséquences de ces violences sur la vie de nos enfants et le long processus de reconstruction pour ces jeunes victimes et le lien qu'ils ont avec la justice.

Marine Gatineau-Dupré nous racontera comment, à partir de son histoire personnelle pour que ses enfants portent son nom de famille, elle s'est retrouvée à mener un combat pour celles et ceux qui souffrent de porter le nom de famille d'un parent maltraitant.

Des témoignages percutants, parfois difficiles, mais nécessaires à la compréhension de toute une société qui doit s'interroger d'urgence sur ce fléau des violences faites aux enfants.

En espérant que nos mots, leurs mots, puissent sauver des enfants, pour que plus jamais cela ne se reproduise.

Chapitre 1

Pourquoi il a tué maman ?

Je m'appelle Christelle. Il y a huit ans, le 27 février 2016, ma vie a basculé en un instant. Ma sœur, Carine, a été tuée par son ex-conjoint, policier, sous les yeux de leur fils, Noé[21], âgé alors de deux ans et demi. Il lui a tiré dessus avec son arme de service. Carine avait déjà déposé plainte contre lui, mais cela n'a pas suffi à la protéger. J'ai tout de suite pris en charge mon neveu. Pour moi, c'était une évidence de m'occuper de lui. Avant la mort de ma sœur, Noé jouait comme un enfant de son âge, mais ensuite, il n'était plus seulement un enfant, il avait perdu son insouciance. À l'âge où le monde tourne autour de ses parents, il n'avait plus de repère : sa mère était morte et son père en prison.

Très rapidement, j'ai mis en place des visites chez le pédopsychiatre pour le bien-être de Noé. C'est à ce moment-là que je prends un autre coup de massue : le médecin me fait remarquer que mon neveu n'est plus rattaché à la carte Vitale de sa mère et qu'il va falloir faire quelque chose rapidement. La police avait récupéré tous les papiers de Carine, afin d'éviter les usurpations d'identité, et ils avaient renvoyé la carte Vitale à la Sécurité sociale. Même problématique avec divers organismes ou encore la crèche. J'ai dû demander une délégation d'autorité parentale auprès du juge aux affaires familiales. Son père, alors en prison, a donné son accord.

Bien après, il envoie une lettre à ma mère, comprenant certaines demandes, comme emmener Noé lui rendre visite en prison ou lui mentir sur son absence en lui faisant croire que son père est parti travailler loin… Ce que j'ai refusé pour le bien de mon neveu. Il a saisi alors le tribunal pour revenir sur les conditions de

21. Prénom modifié.

la délégation parentale auprès du juge aux affaires familiales, car il avait interdiction de voir son fils. Sa demande est refusée. Il écrit au juge des enfants, allant jusqu'à faire du chantage au suicide pour voir son fils...

Je suis convoquée par la protection de l'enfance et l'on m'annonce la mise en place d'une assistance éducative en milieu ouvert (AEMO) par décision du juge. Une éducatrice vient régulièrement chez moi pour voir Noé et nous explique qu'il faut maintenir le lien entre lui et son père. Elle demande à mon neveu des photos de lui afin de les remettre à son père. J'étais terriblement choquée. Selon moi, ce n'était pas la bonne manière d'agir. À quel moment a-t-elle pensé à l'intérêt de l'enfant ? C'est un traumatisme supplémentaire pour un enfant qui a perdu sa maman. Mais peu importe mon ressenti, l'éducatrice ne le prend pas en compte, elle est là pour faire appliquer l'AEMO... Je me souviens de ses mots : « Vous n'êtes que la tata, vous n'êtes rien légalement. » Je comprends très vite que l'éducatrice n'a pas connaissance de toutes les pièces du dossier. Certains éléments ne lui ont pas été communiqués, comme les expertises psychologiques et psychiatriques, ainsi que l'interdiction d'entrer en contact ordonnée par la juge d'instruction. Cette AEMO est un non-sens d'un point de vue juridique. Aucune recherche au préalable n'a été effectuée. Je suis sidérée. Pourquoi la juge d'instruction n'a pas communiqué avec les différentes juridictions dans le but d'éviter toute tentative du père de contrer son interdiction d'entrer en contact avec Noé ? D'autant plus que c'est très difficile à vivre pour Noé qui ne se sent pas écouté par l'éducatrice alors qu'il exprime son refus d'avoir tout contact, quel qu'il soit, avec son père. C'est la double peine pour lui, pour nous.

Cet enfer a duré un an, puis une audience s'est tenue devant le juge des enfants qui a levé cette mesure éducative. Cette mauvaise expérience m'a fait prendre conscience qu'il fallait autre chose que la délégation de l'autorité parentale. Il était hors de question que nous passions toute une vie à nous astreindre à un contact avec le meurtrier de ma sœur. Il fallait que je fasse tout ce qui était à ma portée, d'un point de vue juridique, pour protéger Noé.

Dans un premier temps, la famille du meurtrier de ma sœur est aux abonnés absents. Puis, éprouvant sûrement de la culpabilité, les grands-parents paternels prennent contact avec moi pour voir leur petit-fils. Je ne m'y oppose pas. Les premières rencontres ont lieu dans une aire de jeu adaptée à l'âge de Noé, afin de faciliter les échanges. Au cours de ces visites, Noé demande à ses grands-parents pourquoi ils se rendent en prison. Ils lui expliquent que c'est pour voir leur fils et le soutenir. Noé réagit très mal à cette explication et se met en colère. D'un commun accord, les visites ont cessé. Les grands-parents de Noé se sentaient mal à l'aise vis-à-vis de lui et c'était difficile émotionnellement. En ce qui concerne Noé, il n'obtenait pas les réponses souhaitées au drame qu'il a vécu.

Du 5 au 8 octobre 2020 se déroule le procès d'assises. Noé est alors âgé de sept ans. Il souhaite que sa voix soit entendue et enregistre une vidéo qui sera projetée lors de l'audience :

« Bonjour, je m'appelle Noé. Pour celui qui m'a fait beaucoup mal, c'est-à-dire mon papa qui est en prison. C'est plus mon papa. Je ne l'aime plus. Pour moi, il n'est plus mon père. Il n'est plus rien pour moi. Il a fait du mal à tout le monde, à ma famille, à moi. Il me fait vivre un enfer sans ma maman et il ment sur tout ce qu'il dit. Tout ce qui est dit, c'est pour sortir de prison. Lui, il veut faire une vie ailleurs. Moi, je ne veux pas. Moi, je veux qu'il aille le plus longtemps en prison parce qu'il a fait beaucoup de mal. Ça a été dur, ça a été le jour le plus mauvais de ma vie, ça a été l'horreur, ça m'a fait très peur et à cause de lui, j'ai plus de maman. Vous pouvez dire bravo à papa. Et aussi, j'aimerais lui dire, lui poser de quelques questions. J'aimerais lui dire pourquoi il a tué maman ? Pourquoi il a fait du mal à maman[22] ? »

Le 8 octobre 2020, son père est condamné par la cour d'assises du Gard à la réclusion criminelle à perpétuité pour avoir tué son ex-compagne avec préméditation sous les yeux de leur enfant. La cour prononce également le retrait de l'autorité parentale, mais il fait appel de sa condamnation. Le 18 juin 2021, après une nouvelle audience de quatre jours, il est condamné pour assassinat

---

22. Extrait du témoignage vidéo de Noé, âgé de sept ans, pour le procès d'assises qui s'est tenu du 5 au 8 octobre 2020 pour le féminicide de sa maman Carine.

par la cour d'assises du Vaucluse à trente ans de réclusion criminelle, dont vingt ans de sûreté. Lors de ce nouveau procès, tout a été remis en question. Il a changé d'avocat et d'orientation, ne faisant plus appel du retrait de l'autorité parentale ni des indemnités accordées, mais seulement de sa condamnation.

Tout au long des procédures judiciaires, Noé a souhaité qu'on lui explique les différentes étapes, cela le rassurait. En parallèle, il était suivi par une pédopsychiatre et faisait des séances d'EMDR[23]. Ces soins lui ont permis d'aller beaucoup mieux et d'appréhender plus sereinement les procédures.

Lors du procès en appel, Noé a voulu s'y rendre pour qu'on l'entende à nouveau. Cependant, je ne souhaitais pas qu'il se retrouve confronté à la violence d'une audience de cour d'assises. Avec son avocate, ils avaient enregistré une vidéo, mais la cour a refusé de la diffuser. Noé l'a très mal vécu... Pourquoi ne veut-on pas l'entendre et l'écouter ? Il n'aura finalement jamais les réponses à ses questions... Pourtant, son témoignage était lourd de sens : il était présent, il est également victime. Apprendre que l'assassin de sa mère n'est finalement pas condamné à la perpétuité a été très violent pour Noé et pour nous. Mon neveu n'a pas compris pourquoi la peine de son père a été revue. Mais cela n'est pas si étonnant. Lorsque l'on recense les affaires évoquées dans les médias, la perpétuité n'est quasiment jamais prononcée dans des affaires de féminicides.

Tout au long des procédures judiciaires, l'assassin de ma sœur ne s'est jamais remis en question sur son comportement et l'acte horrible qu'il avait commis et a eu très peu d'empathie. Lors du premier procès, il a utilisé son fils comme ligne de défense, affirmant que le motif du meurtre de Carine était qu'il ne pouvait plus le voir. Par la suite, il n'aura plus aucun mot pour Noé. J'ai pu constater que l'enfant est un prétexte pour tout, c'est une arme pour ces assassins. C'est criant de vérité : un homme qui tue la mère de son enfant ne peut pas être un bon père... Et malgré des expertises mentionnant qu'il était un danger pour son fils, Noé n'était pas protégé. Nous, les victimes, avons dû nous justifier

---

23. *Eye Movement Desensitization and Reprocessing* (en français intégration neuro-émotionnelle par les mouvements oculaires) : une psychothérapie reconnue comme un traitement de choix pour le trouble de stress post-traumatique.

sur tout : « Êtes-vous sûre que vous n'influencez pas Noé ? » ; « Vous devez respecter son père [le meurtrier de ma sœur] et ne pas avoir de mots négatifs quand vous parlez de lui à Noé ». On se préoccupait de savoir comment nous pouvions le dépeindre auprès de Noé. Nous ne pouvions pas laisser place à nos émotions et à notre colère le concernant pour éviter toute influence sur Noé. Beaucoup d'empathie pour un homme qui a commis le pire, mais très peu pour les victimes qui vivent avec la mort de leur sœur, leur mère au quotidien.

Après le procès en appel, une nouvelle bataille juridique s'annonce pour nous : l'adoption de Noé. La question de l'adoption est venue très vite, car c'était un souhait de Noé. Il voulait faire partie de notre foyer et, en même temps, cela lui permettrait de changer son nom de famille qu'il ne voulait plus porter. Pour nous, c'était la meilleure façon de le protéger et aussi un moyen de faciliter les démarches du quotidien. Premier couac : comme je ne suis pas mariée avec mon conjoint, la procédure ne peut être lancée. Nous nous marions très rapidement. Par la suite, nous sommes convoqués devant le juge aux affaires familiales pour qu'il entende Noé. Le juge lui demande : « Comment souhaites-tu t'appeler ? » Noé lui répond : « Je souhaite porter le nom de Loïc et de tata. Je veux porter le nom de celui qui s'occupe de moi et en même temps continuer de porter le nom de ma Maman. » Nous avions le choix entre une adoption simple ou une adoption plénière. Dans le cadre de l'adoption simple, les liens avec la famille d'origine sont maintenus ; tandis qu'avec l'adoption plénière, il y a une rupture totale. L'adoption simple aurait permis à son père d'intervenir à son gré dans la vie de Noé, ce qui aurait été dramatique pour lui. De plus, son père devait lui payer des dommages et intérêts qui ont été versés par le fonds de garantie. Cependant, si cette dette n'était pas réglée avant le décès de son père, sans l'adoption plénière, Noé en aurait hérité.

Nous avons décidé tous les trois d'opter pour une adoption plénière qui nous semblait la solution la plus adaptée pour protéger Noé. Mais ça a été un choix très compliqué psychologiquement, car cela a fait disparaître ma sœur de l'état civil. Carine était à présent rayée de partout. Nous obtiendrons l'adoption en 2022, soit deux mois après notre mariage...

Noé étant dorénavant notre fils, je nous pensais préservés d'une action juridique le concernant. Mais, quelques mois plus tard, son père lance, depuis sa cellule, une nouvelle démarche auprès du juge aux affaires familiales et de l'école de Noé. Clamant haut et fort que je le prive de ses droits parentaux. Je suis estomaquée de recevoir une convocation de surcroît provenant de la même magistrate ayant procédé à l'adoption de Noé. Elle m'avouera ne pas avoir trouvé d'autre solution pour qu'il comprenne qu'il n'avait plus de droits.

Aujourd'hui, Noé a dix ans. La date de l'anniversaire de sa maman reste un moment toujours douloureux pour lui. Depuis son meurtre, il a toujours un sentiment de culpabilité, persuadé qu'elle est morte par sa faute. Il rêve régulièrement d'elle, des rêves durant lesquels il tente de la sauver... J'ai tenté de lui expliquer qu'il n'aurait rien pu faire pour elle ce jour-là, mais rien n'y fait, il ne parvient pas à ôter ce sentiment de son esprit. En observant Noé, aujourd'hui et tout au long des procédures, je pense qu'il est indispensable d'entendre les enfants et de les reconnaître comme victimes, pour faciliter la compréhension et la reconstruction. Noé est le survivant. Durant toute sa vie, il faudra qu'on l'accompagne sur les différents pans de sa vie.

Malgré son extrême sensibilité et son anxiété, Noé évolue et grandit. À l'école, tout se passe bien, il est même très avancé pour un enfant de son âge. Il gère mieux le côté émotionnel, même s'il a encore des réactions qui relèvent d'un jeune enfant. Comme si une partie de lui était restée figée dans l'esprit du petit garçon de deux ans et demi.

Depuis, j'ai eu une petite fille avec mon mari, elle a six ans. Avec l'adoption de Noé, nous formons une belle et grande famille. Nous considérons Noé comme notre enfant, nous l'aimons comme les autres, sans différence, et nous avons des liens très forts. Il hésite encore entre maman et tata, papa et tonton... C'est tout à fait normal, et c'est à lui de faire son choix. Un choix avec lequel il est en accord.

Légalement, nous avons fait tout ce qui était possible pour protéger Noé. Je sais que le meurtrier de ma sœur ne va pas rester en prison à vie. Je demeure inquiète du jour de sa sortie. C'est un peu comme si nous étions dans une sorte de prison... Nous sommes les victimes. C'est nous qui avons pris la vraie perpétuité.

REPRODUCTION DE LA LETTRE DE NOÉ

Le rêve d'un enfant est de s'amuser en famille, jouer, faire des activités... Mais chez certaines personnes (familles), on ne peut pas car il y a des problèmes d'argent, conflit, meurtre, séparation et tous ces enfant n'y sont pour rien. Comme moi qui a perdu ma mère. A cause de jalousie, j'aurai aimé que l'on m'écoute au lieu de dire que j'aitais trop petit. J'espere que ça changera et que les enfants comme moi pourront être entendu au tribunal.

Ma mère était passionnée gentille. Sa a été dure, j'ai fait des crises de nerf durant mes 2 à 3 ans. Je me suis transformé en colère sur patte, je me demande pourquoi avoir fait ça. La justice est mal faite. Je n'ai pas été entandu, alors que j'étais là quand sa s'est passé, j'ai tout vu.

Chapitre 2

Un avenir incertain

9 avril 2016 : après dix ans de relation, huit ans de violences conjugales, suite à un énième accès de violences, je décide d'y mettre un terme en appelant le 17. À ce moment-là, notre fils est âgé de cinq ans et demi. Tout ne sera pas si simple, mon ex-conjoint étant un ancien gendarme à la retraite, mes démarches et actions pour nous protéger seront extrêmement compliquées avec par exemple des refus de plainte[24]. J'aurais apprécié, au commencement des procédures, que l'on m'informe sur les difficultés et la durée de ce que j'allais endurer au travers de ce parcours judiciaire.

Je n'ai pas tout de suite réussi à déposer plainte pour les violences subies, on m'a refusé ce droit les premiers mois. C'est seulement en juin 2016 que j'y suis parvenue, mais cela ne comprenait pas les faits du 9 avril, les plus graves... Pour cette date, il bénéficiera quasi immédiatement d'une composition pénale, c'est une alternative aux poursuites[25] dans la mesure où l'auteur des faits reconnaît sa responsabilité. En l'occurrence, il aura une amende de 250 euros et un stage de sensibilisation aux violences conjugales.

Entre le moment de la séparation et notre premier passage devant le juge aux affaires familiales, nous avons été confrontés à un vide juridique. Nous étions tous les deux détenteurs de l'autorité parentale, mais rien n'était statué sur la garde de notre fils.

---

24. (Alizé Bernard) J'ai détaillé certains aspects, dysfonctionnements et entraves, dans un livre que j'ai coécrit avec Sophie Boutboul, *Silence on cogne : enquêtes sur les violences conjugales subies par des femmes de gendarmes et de policiers*, Grasset, 2019.

25. La composition pénale est une mesure alternative aux poursuites, permettant de juger rapidement l'auteur de l'infraction, à condition qu'il reconnaisse les faits reprochés. Cette procédure concerne certains délits ou contraventions et ne peut se faire qu'à la demande du procureur de la République.

En mai 2016, mon ex-conjoint s'est alors présenté à l'école de notre fils, le récupérant avant l'heure de sortie avec une simple décharge. Procédé qu'il réitère en juin, alors que nous devions être au tribunal tous les deux pour un report de l'audience durant laquelle je demandais une mesure d'éloignement et de protection. Mais cette fois-ci, il est accompagné par des gendarmes de la première brigade qui avait refusé de prendre ma plainte. Ma mère m'informe de ce qui est en train de se dérouler devant l'école primaire de mon fils. Elle craint que je n'arrive pas à parcourir à temps les trente-neuf kilomètres qui me séparent de l'école, étant la seule à pouvoir interrompre cette scène, mais j'y parviens finalement. Les gendarmes m'informent qu'en l'absence d'une « grosse de jugement[26] », mon ex-conjoint peut partir avec notre fils. Face à mon refus et à mes arguments, ils s'isolent pour échanger avec mon ex-conjoint et me laissent repartir avec mon enfant. Cela a provoqué beaucoup de stress et d'angoisse pour ma famille et moi-même.

Cette mesure d'éloignement n'aura jamais été traitée, dans la mesure où le magistrat de l'époque considérait que l'urgence était de statuer sur les droits de visite et d'hébergement. Toujours selon lui, ayant un enfant en commun, nous serions toujours dans l'obligation d'avoir des contacts.

Notre première audience avec le juge aux affaires familiales se déroule le 25 juillet 2016. Le jugement tombe le 3 août 2016 : mon ex-conjoint obtient un droit de visite et d'hébergement simple le samedi tous les quinze jours, de 10 heures à 18 heures. Cette décision était provisoire, en attendant les conclusions de l'enquête sociale ordonnée par la même occasion, dans le but d'éclairer l'histoire de notre famille, les capacités éducatives de chacun et la situation psychologique de notre enfant. Cela me rassure dans la mesure où nous avons des versions diamétralement opposées et où son jugement en correctionnelle n'est pas encore intervenu. J'ai l'espoir d'obtenir des visites avec un médiateur pour que mon fils puisse voir son père en toute sécurité. Car, dès le mois de septembre, mon fils fait état de violences physiques et psychologiques perpétrées par son père.

---

26. Nom donné à la copie d'une décision de justice comportant la formule exécutoire.

Mon ex-conjoint est condamné, par le tribunal correctionnel le 27 janvier 2017 pour violences conjugales, à six mois de sursis avec dix-huit mois de mise à l'épreuve et une obligation de soins médicaux et d'un suivi judiciaire. À sa demande, il a eu une non-inscription au casier judiciaire B2[27], afin de lui permettre de continuer de travailler et de conserver son port d'arme. Mes ITT[28] n'ont pas été retenues, car elles n'avaient pas été délivrées par les UMJ[29], mais par des médecins légistes aux urgences. Ma demande de reconnaître mon fils victime des violences, dont il a été le témoin, est rejetée par la cour.

Contre toute attente et seulement un mois après sa condamnation en correctionnelle, mon ex-compagnon obtient un droit de visite et d'hébergement élargi ; à savoir trois jours dans le mois, assortis d'une journée simple et de deux jours consécutifs. Je ne comprends pas comment c'est possible. Il a pourtant été condamné, cela devrait donc rejoindre ma version des faits et invalider celle de mon ex-conjoint.

Mon fils continue à déclarer subir des violences physiques et psychologiques, en libérant sa parole au sein de son école primaire. Il se sent tellement mal à l'approche des week-ends chez son père qu'il somatise. Il s'en rend malade. Alors que l'école effectue une information préoccupante, je comprends que ça n'est plus du tout supportable pour mon fils, car il y a maintenant un impact sur sa scolarité et son quotidien.

Assistantes sociales, brigade, commissariat, tous ceux que je sollicite sont unanimes : si je considère que mon fils est en danger, je ne dois plus le représenter à son père. Je rédige même un courrier à l'attention du président de la République Emmanuel Macron. Je suis confrontée à un dilemme : respecter le droit de visite et d'hébergement tout en ayant conscience que

---

27. Le casier judiciaire est divisé en trois bulletins. Le bulletin B2 comporte l'ensemble des condamnations judiciaires et des sanctions administratives, mais certaines ne figurent pas, telles que les décisions à l'encontre des mineurs, les peines d'amende, les condamnations assorties d'une dispense de peine ou d'un ajournement, le retrait de l'autorité parentale, les condamnations avec sursis considérées comme non-avenues, les arrêts d'expulsion abrogés. Le bulletin B1 contient toutes les condamnations pénales prononcées lorsque l'on est mineur. Le bulletin B3 est celui qui comporte le moins de mentions de condamnations, mais seulement les plus graves : peine d'emprisonnement, interdiction d'exercer une activité en relation avec les mineurs, privations de droits. Source : « Casier judiciaire : présentation des trois bulletins », service-public.fr.

28. Incapacité totale temporaire.

29. Unité médico-judiciaire.

j'expose mon fils aux violences qu'il déclare ou aller à l'encontre d'une décision de justice et être dans l'illégalité. Je choisis la seconde option. À chaque non-représentation, mon ex-conjoint dépose un dépôt de plainte contre moi. Je suis auditionnée à de multiples reprises, avec tout ce que cela comporte : photo et prise d'empreinte. C'est humiliant, avilissant, bien qu'un bon nombre de plaintes soient classées sans suite.

Février 2018, mon fils est entendu en commissariat de police dans le cadre d'un dépôt de plainte concernant les violences qu'il déclare. Plainte qui sera classée sans suite plusieurs années après.

En juillet de cette même année, le juge des enfants est saisi par la juge aux affaires familiales et d'autres instances. Pour la première fois de sa vie, mon fils, huit ans, foule le sol du tribunal accompagné de son avocate. Tout comme lors de son audition pour le dépôt de plainte, il s'exprime, pensant qu'on allait vraiment l'écouter et le protéger.

Le jour de l'audience, le juge des enfants me donne l'injonction de respecter la décision du juge aux affaires familiales sous peine que mon fils soit placé à la protection de l'enfance. Je vous laisse imaginer l'impact du mot « placé » dans ma tête, la peur terrible que mon fils puisse m'être retiré...

Le juge des enfants met en place une assistance éducative en milieu ouvert (AEMO), pour une durée d'un an, au motif que « le conflit parental est trop important ». Je suis dans l'incompréhension, pas contre l'AEMO, mais au sujet du motif relevé. Je ne me considère pas en conflit avec mon ex-conjoint, cela va bien au-delà. J'ai simplement la volonté de protéger mon enfant.

L'abonnement aux procédures civiles commence...

Un an plus tard, nous repassons devant le juge des enfants pour déterminer d'éventuelles modifications, un renouvellement ou la fin de la mesure prise en juillet 2018. Elle est renouvelée à deux reprises, avec un changement d'éducateurs dès 2019. Même si ce changement est rassurant, car il se concentre majoritairement sur mon fils, cela reste stressant, envahissant avec le sentiment d'être comme observé à la loupe. La mise en confiance de mon enfant par ce nouvel éducateur est longue, mais importante pour la suite des événements. Le mécanisme judiciaire et ces audiences à répétition sont oppressants pour tout le monde, mon fils, mes proches et moi-même. Le suivi psychologique, dont bénéficie mon fils depuis la séparation, n'a aucun effet positif sur lui, bien que nous ayons changé de praticien. Même le CMPP[30] n'a pas eu la capacité de lui fournir la prise en charge dont il avait besoin. Cependant, il est disposé à faire une dernière tentative, je n'ai plus le droit à l'erreur. Je m'oriente vers une psychologue clinicienne, spécialiste des violences au sein du couple. Mon enfant se sent compris et peut parler librement sans crainte.

En ayant voulu protéger mon enfant, je suis condamnée à un rappel à la loi, pour les non-représentations en 2020.

En début d'année 2021, le service éducatif nous propose d'effectuer une évaluation pédopsychiatrique de notre enfant, car il n'observe pas d'amélioration de la situation malgré trois années d'accompagnement.

Cette évaluation révèle que notre fils souffre d'un syndrome de stress post-traumatique complexe en lien direct avec les violences qu'il déclare, mais aussi du fait d'avoir été témoin de celles que j'ai subies. D'après le pédopsychiatre, ce syndrome a été accentué par le sentiment douloureux de ne pas avoir été cru par les adultes chargés de la protection de l'enfance au début du suivi. Il s'est toujours exprimé, il a saisi toutes les occasions de faire en sorte que sa situation change, cependant rien n'a changé. Il ressent une invalidation de son vécu. Je suis démunie face à son mal-être et à son incompréhension. Le résultat nous a été transmis par mail juste avant un week-end de garde, en juillet 2021. En l'état, j'ai peur des répercussions sur mon enfant, je décide donc de ne pas le remettre à son père, dans l'attente des nouvelles audiences.

Je signale par le biais d'une main courante le motif de ma décision. Néanmoins, le jour de la non-représentation, mon ex-conjoint dépose une nouvelle plainte. Je suis convoquée le lendemain. Je m'y rends, reprends l'historique et expose le risque qui pèse sur l'état psychologique et physique de mon fils. Je mets

30. Centre médico-psychopédagogique.

en avant l'état de nécessité, article 122-7 du Code pénal[31]. Un officier de police judiciare (OPJ) me recontacte rapidement après mon audition, en m'indiquant que j'évoque des faits de violences physiques et psychologiques, mais qu'aucune plainte n'est enregistrée. Je l'informe que la précédente plainte pour mon fils, pour laquelle il a été auditionné en 2018, n'est toujours pas traitée. C'est un moment éreintant pour quiconque, et encore plus pour un enfant. Il est difficile d'expliquer à son enfant que la temporalité de la justice n'est pas la même que la sienne. J'ai tout de même l'espoir que, sur le plan des procédures civiles, mon enfant soit protégé, mais je n'attends pas de réponse pénale, même si cela serait bénéfique pour mon fils. L'OPJ me propose d'effectuer une plainte dans les règles de l'art via le protocole Mélanie[32]. Je prends le temps de réfléchir, d'échanger avec les différents professionnels encadrant mon fils, les éducateurs, sa psychologue. Tous me recommandent de laisser ce choix à mon enfant.

Nous en parlons longuement, car je ne veux pas qu'il soit déçu ou que cette démarche ravive trop de choses difficiles pour lui.

Son audition se déroule dans une pièce adaptée dans un hôpital à trente kilomètres de chez nous, le 18 août 2021. La gendarme porte son uniforme et, malheureusement, cela a un peu retardé la mise en confiance de mon fils. Il m'expliquera à la sortie de son audition sa crainte que ce soit « une copine » de son père. Il est convoqué pour l'expertise judiciaire le 1er septembre.

Même si pour une fois presque tout avait été fait correctement, j'apprendrai quelques années plus tard, par le biais d'une nouvelle audience dans les pièces de la partie adverse, que cette plainte avait également été classée.

En septembre 2021, nous avons dans la même semaine une audience du juge aux affaires familiales et une audience du juge des enfants.

---

31. Article 122-7 du Code pénal : « N'est pas pénalement responsable la personne qui, face à un danger actuel ou imminent qui menace elle-même, autrui ou un bien, accomplit un acte nécessaire à la sauvegarde de la personne ou du bien, sauf s'il y a disproportion entre les moyens employés et la gravité de la menace. »

32. Il s'agit d'une procédure adaptée pour pouvoir entendre les mineurs victimes : les enquêteurs sont en tenues civiles, la salle est décorée pour les enfants, utilisation du jeu pour faire parler, enregistrement des auditions...

Mon fils fait la demande d'être entendu par le juge aux affaires familiales accompagné de son avocate, qui le représentait déjà devant l'autre juge, mandatée par le bâtonnier. C'est rare, cependant la magistrate accepte. Je n'y suis pas favorable au début, car c'est extrêmement éprouvant. Seulement, il veut s'exprimer encore une fois, mettre toutes les chances de son côté pour enfin être protégé. Les deux juges décident de s'entretenir et de communiquer pour échanger afin d'avoir une vision globale de notre dossier. C'est un vrai plus et j'y vois une nette amélioration dans les décisions prises. Le résultat est inespéré : nous obtenons le retrait du droit de visite et d'hébergement de mon ex-conjoint. Cependant, il a conservé l'autorité parentale et donc la possibilité d'intervenir dans le quotidien de notre fils et ainsi d'être en lien constant avec moi. Nous obtenons un quatrième renouvellement de mesure par le juge des enfants.

Mon ex-conjoint a refusé, dans un premier temps, le suivi par le pédopsychiatre qui avait effectué l'évaluation préconisant des soins spécifiques liés au syndrome de stress post-traumatique de mon fils. Un droit téléphonique est maintenu, mon ex-conjoint en profite pour m'envoyer des mails et SMS tous les jours durant une semaine pour faire pression sur moi. Il finit par accepter. En maintenant le suivi psychologique de notre enfant, le pédopsychiatre nous propose un projet de soins selon les recommandations de la littérature scientifique, comprenant des consultations, la participation des parents à l'atelier familial en vue d'acquérir les bases des compétences de régulation émotionnelle, l'inscription de mon fils dans le dispositif DBT[33] pour le SSPTC[34] incluant des séances de groupe pour l'apprentissage des quatre modules de régulation émotionnelle ; pour, dans un second temps, effectuer une thérapie d'exposition avec des séances d'EMDR et potentiellement une médication anti-traumatique. Mon fils est sur liste d'attente, nous devons patienter.

Cependant, le maintien des échanges téléphoniques a un réel impact sur mon fils car cela réactive son syndrome de stress post-traumatique. Ça le met dans un état psychologique si préoccupant que le collège s'est manifesté auprès des éducateurs

---

33. *Sialectical behavior therapy* (en français : thérapie comportementale dialectique).

34. Syndrome de stress post-traumatique complexe.

judiciaires. Leurs réactions sont immédiates et ils me demandent de cesser sur-le-champ tout contact, car cela retarde sa prise en charge. En effet, ce protocole de soins nécessite l'arrêt complet des violences. Mon fils est plongé dans un profond désespoir, envisageant le suicide comme une issue, un moyen de soulager sa souffrance, associant au SSPTC un syndrome anxio-dépressif.

Je ressaisis le juge aux affaires familiales en 2022 afin de retirer cette obligation téléphonique – ce que nous obtenons – et, par ailleurs, de permettre à mon fils d'entreprendre ses soins.

Néanmoins, nous devons patienter pour la mise en place de ses soins, car il n'y a toujours pas de place disponible à cause d'un manque de professionnels.

Quelques semaines plus tard, en novembre, nous avons notre audience avec le juge des enfants, qui décide de lever la mesure éducative, mais de ne pas clôturer le dossier. Soit un sursis d'un an. Prochain rendez-vous en 2023, où je devrais prouver que le projet de soins proposé initialement par le pédopsychiatre a été mis en place. Un lien s'est créé entre mon fils et les éducateurs, il est impossible de ne pas se dire au revoir correctement. L'un d'entre eux lui a offert un ours brun en figurine, lui indiquant qu'il trouvait qu'il représentait son animal totem tout en décrivant les qualités relevées chez mon fils au cours de ces années. C'était un moment très émouvant.

Mon ex-conjoint décide de faire appel de la décision du juge. Nous sommes renvoyés devant la cour d'appel en juillet 2023. Tout se cristallise. C'est incompréhensible. Quel est l'intérêt de faire appel d'une main levée ? D'autant plus que l'audience avec le juge des enfants que nous devons avoir est toujours maintenue... Mon fils n'en peut plus et n'a qu'une seule envie : suivre ses soins pour aller mieux. Le syndrome de stress post-traumatique est handicapant pour lui et il est urgent d'agir. La cour d'appel valide en tout point la décision rendue en première instance. Malheureusement, même pas une semaine après l'audience à la cour d'appel, mon ex-conjoint s'oppose de nouveau fermement à la poursuite de la prise en charge de notre fils par son pédopsychiatre sans alternative. Ce dernier n'a pas d'autre choix que d'arrêter brutalement les consultations sous peine de poursuite.

Par conséquent, j'augmente la fréquence du suivi psychologique avec la thérapeute que mon fils consulte depuis 2019. Ça lui fait du bien, mais ce n'est pas suffisant. Ce suivi est complémentaire à la prise en charge par le pédopsychiatre.

Sa thérapeute m'aide à contacter d'autres pédopsychiatres afin de pouvoir suivre mon fils ; à nous deux, c'est environ trente professionnels de contactés, mais sans succès. La réalité est difficile, en France, il existe des inégalités en fonction des départements, mais surtout trop peu de professionnels formés au psychotrauma. Les consultations pédopsychiatriques spécialisées ou non sont en effet saturées, nous n'avons aucune issue...

En même temps, durant l'été 2023, l'équipe, qui devait me recontacter pour le démarrage du protocole DBT, m'informe d'une nouvelle session à laquelle mon fils peut participer en octobre. Je me rapproche de mon ex-conjoint et lui demande s'il est d'accord pour mettre en place ce protocole, ce qu'il refuse malgré mes supplications et son importance pour notre fils. Puis il propose un institut sectorisé qui ne permet pas le suivi adapté. Ensuite, il suggère le CMPP[35]. Je le contacte, mais il y a une liste d'attente d'environ un an et demi...

Il y a urgence, alors fin août, nous décidons de tenter, avec mon avocat, une procédure auprès du juge aux affaires familiales à date fixe. La requête doit exposer les motifs de l'urgence, contenir les conclusions du demandeur et viser les pièces justificatives. Elle est rejetée.

La situation de mon fils devenant extrêmement préoccupante, nous complétons la requête initiale, la représentons fin octobre 2023 et obtenons une date au 28 novembre 2023. En parallèle, nous informons le juge des enfants des démarches entreprises, tout en expliquant pourquoi je ne peux pas justifier de la mise en place du suivi de mon fils.

Le jour de l'audience avec le juge des affaires familiales à date fixe, nous découvrons la demande de report de mon ex-conjoint. L'audience se tient malgré son absence. La magistrate convoque

---

35. Centre médico-psychopédagogique.

mon fils à sa demande le 6 décembre. Le délibéré est prévu pour le 26 décembre.

Cela fait maintenant quelques années que mon fils est représenté par la même avocate, il a confiance en elle, c'est extrêmement important pour lui qu'elle l'assiste. Par conséquent, elle l'accompagne. J'attends patiemment la fin de son audition. À l'issue, son conseil nous raccompagne dans le hall du tribunal. Nous passons devant une salle dont les portes sont ouvertes, un prévenu est dans le box des accusés. Ce sont les comparutions immédiates. Il est intrigué et pose des questions. Nous nous arrêtons et prenons le temps de lui expliquer la manière dont est répartie la salle ainsi que les fonctions de chacun. Le lendemain, après les cours, mon fils m'explique qu'il a profité d'une absence de professeur pour faire des recherches au CDI. Il me sort un papier sur lequel il y a plein d'annotations à propos d'un nouveau métier qui l'intéresse : procureur de la République. Il veut défendre les victimes et les intérêts de la société, être toujours du bon côté, pour aider à faire condamner des auteurs de délits ou de crimes. L'avenir nous dira si ça n'aura été qu'une intention passagère, en réaction à son vécu, ce sentiment d'injustice qu'il a bien trop souvent ressenti.

D'un commun accord, les années précédentes, mon fils n'a été convoqué qu'une seule fois pour être auditionné. Juge des enfants et juge aux affaires familiales se mettaient en relation afin d'obtenir la teneur de ses propos. Mais, en 2023, mon fils est aussi convoqué devant le juge des enfants, une semaine après son audition devant l'autre juge. Je dois me rendre à l'audience deux jours après l'audition de mon fils, mais la magistrate m'informe qu'à la demande de mon ex-conjoint elle est reportée au 1er février 2024.

Nous prenons connaissance de la décision du juge des affaires familiales début janvier 2024 : j'obtiens l'exercice de l'autorité parentale exclusif. Cette décision est exécutoire, je dois la communiquer par voie d'huissier à mon ex-conjoint afin de faire courir le délai d'appel qui est d'un mois à compter de la signification. Ce jugement est définitif.

L'audience avec le juge des enfants s'est bien tenue le 1er février 2024, au regard des éléments apportés et de la reprise des soins, la magistrate a décidé de clôturer le dossier. Par conséquent, nous ne serons plus convoqués.

2016-2024 : huit ans... Il est regrettable de constater le temps, l'énergie, la souffrance que toutes ces audiences génèrent, mais également l'impact financier. Dans l'optique de faire face à tous ces frais juridiques et médicaux, nous vivons chez mes parents avec mon fils depuis près de huit ans maintenant.

En quelques chiffres depuis avril 2016, c'est environ :

- 56 923 euros pour mes frais d'avocat, d'huissier et de consignation ;
- 10 990 euros pour les frais de suivi psychologique, puisque non pris en charge par la Sécurité sociale ;
- plus de quarante auditions en tant que plaignante et mise en cause ;
- dix-sept audiences (dont huit avec le juge des enfants et sept avec le juge aux affaires familiales).

Avec la nouvelle prise en charge de mon fils (essentielle à son bien-être) et la procédure sur 2024, je dépasserai un cumulé de 70 000 euros.

Il est coûteux et difficile de protéger son enfant, j'ai le sentiment d'avoir été condamnée à la perpétuité. En tout état de cause, il y a fort à parier que j'aurais des procédures jusqu'à la majorité de mon fils. Soit une durée de douze ans... Comment ne pas comparer cela à une condamnation ? Sans remise de peine ni aménagement... Ce sont des moments de vie volés, des vacances annulées ou encore écourtées.

En tant que parents, nous avons des droits, mais surtout des devoirs vis-à-vis de nos enfants. C'est ma priorité que mon fils puisse grandir, se reconstruire sereinement afin de devenir un homme heureux et épanoui. Qu'il ne traîne pas comme un boulet son passé douloureux. Que ses fondations reposent sur des bases solides. Les dernières décisions étant en sa faveur, il renoue avec la justice, c'est encore fragile et à consolider.

J'espérais plus que tout que mon fils fasse son entrée dans l'adolescence sous de meilleurs auspices, puisque c'est déjà un chamboulement en soi. À l'heure actuelle, mon fils craint toujours que son père vienne devant son établissement scolaire. Il a hâte que son parcours de soins se termine, car c'est synonyme pour lui d'un objectif atteint, de joie et de bien-être. Son collège est soucieux de son état et lui porte une attention particulière. Sachant que le protocole DBT n'est pas du tout pris en charge par la Sécurité sociale, l'assistante sociale de l'établissement scolaire de mon fils m'a proposé de remplir une demande de fonds social. Ils m'ont accordé une participation financière, ce que je trouve touchant, bienveillant et peu commun.

Récemment, nous avons vécu un moment hors du temps. Un bienfaiteur d'une extrême générosité nous a offert deux places pour aller voir un match de foot. Une grande première pour mon fils et moi-même. J'ai fait une folie juste avant le match en lui offrant le maillot de Kylian Mbappé. Il était aux anges ! J'ai gravé dans ma mémoire son sourire, son visage rayonnant, tout en refoulant mes larmes de joie pour ne pas interrompre ce moment. Aucune fausse note, juste du lâcher-prise, de l'amour et du partage. Il faut le raccrocher à la vie, qu'il ne perde jamais espoir quoi qu'il ait à traverser, qu'il ait confiance en lui. Dans ses rêves les plus fous, il rencontre un joueur de l'équipe de France ou du PSG et obtient un autographe. Ce n'est pas chose aisée, mais je reste optimiste, je relèverai peut-être un jour le défi.

Nous avançons étape par étape, notre avenir s'illumine…

Chapitre 3

Dix ans de traque

> *« Il est nécessaire de s'abandonner pour se ressourcer en énergie mais il ne faut jamais abandonner. »*
>
> *Khatidja, 45 ans.*

En juin 2013, après huit ans de violences conjugales, cette fois-ci, j'avais rencontré la mort, ce qui m'a fait prendre conscience que j'aurais pu laisser trois orphelins de mère derrière moi. Après m'avoir rouée de coups sur tout le corps, mon ex-compagnon a fini par cracher sur mon visage, accompagné de cette phrase : « Tu n'es qu'une merde. » Ce fut le déclic. Jusqu'à présent, les maux étaient physiques et psychiques, mais à cet instant, ces mots avaient porté atteinte à mon âme, à ma dignité. J'entame les démarches en enveloppant d'amour mes enfants (Z, A et S), âgés de six, quatre et trois ans. J'ai foi en la justice française. Tout s'enchaîne très vite.

En juillet 2013, j'obtiens ma première ordonnance de protection[36], valable pendant quatre mois. Ce qui était loin d'être gagné à l'époque, car très peu étaient délivrées. C'est une grande étape et un énorme soulagement. De plus, je garde le logement que j'avais en commun avec mon ex-conjoint. Ce dernier a interdiction d'entrer en contact avec moi, mais il a quand même le droit de voir nos enfants un week-end sur deux (visite classique, le samedi et dimanche de 11 heures à 18 heures), mais pas de droit d'hébergement. Les enfants doivent être récupérés par un tiers digne de confiance. Il conserve son autorité parentale. Je sens une faille très importante dans la

36. L'ordonnance de protection permet au juge aux affaires familiales d'assurer dans l'urgence la protection de victimes de violences conjugales ou intrafamiliales.

justice : les enfants ne sont quasiment pas pris en compte. Les week-ends passés avec leur père éprouvaient beaucoup mes enfants. Mon ex-compagnon me dénigrait beaucoup auprès d'eux. Il les instrumentalisait pour mieux m'atteindre et me faire du mal. « J'ai tapé votre mère, car elle me trompait... » – ce qui était faux, et même si ça avait été le cas, ça n'excuse en rien des violences physiques et psychologiques. Mes enfants m'en faisaient part, ils avaient besoin de vérifier les dires de leur père et de connaître la vérité.

En août 2013, mon ex-compagnon enfreint l'ordonnance de protection. Je me rapproche de l'association d'aide aux victimes Solidarité femmes 95, qui m'accompagnera dans toute la procédure. Il est condamné à payer une amende de 2 000 euros pour non-respect de l'ordonnance de protection. Cela me permet d'obtenir un téléphone grave danger[37]. C'était un des premiers...

En septembre 2013, mon ex-compagnon est condamné à trois mois de sursis et 900 euros de dommages et intérêts, pour des faits de violences physiques qui datent de juin 2013. C'était en présence des enfants. À ce moment-là, les enfants témoins de violences conjugales ne sont pas considérés comme des victimes. Ils ne sont donc pas entendus. Je regrette le manque de prise en charge pour eux et je suis profondément inquiète pour la suite.

Le 25 novembre 2013, mon ordonnance de protection prend fin. Dès lors, mon ex-conjoint peut revenir dans l'appartement familial. À cet instant, je découvre ce qu'est le vide juridique. Tout d'abord, mon avocate me conseille de ne pas saisir le juge aux affaires familiales et d'attendre que lui s'en charge, ainsi que de poursuivre le rythme de ses visites un week-end sur deux. Le commissariat deviendra alors un point d'échange. Je ne comprends pas, je me sens acculée. Mes craintes sont de plus en plus présentes : il peut voir mes enfants, débarquer à tout moment chez nous, à l'école... Ce qu'il fera d'ailleurs à plusieurs reprises. Je dois alors récupérer mes enfants par la cour arrière de l'école,

---

37. Le téléphone grave danger ou TGD est un téléphone qu'on remet à des victimes de violences conjugales en situation de très grave danger. De façon plus marginale, ce dispositif s'adresse également aux victimes de viol au titre d'une mesure de protection. Ce téléphone va leur permettre d'alerter de façon prioritaire les forces de l'ordre via une plateforme de téléassistance en cas de danger.

les exfiltrer en quelque sorte. Lors d'une des journées de visite de leur père, je reçois un message dans lequel il m'annonce que je peux dire adieu à mes enfants. Je suis terrorisée à l'idée qu'il puisse les tuer. Il passe un cap en provoquant un accident de voiture sans gravité avec mes enfants. Je me rends le plus rapidement possible au commissariat. Lorsque la police l'appelle, il se rend au commissariat avec eux, mais aucune mesure n'est prise. Je suis sidérée. Que faut-il de plus pour protéger mes enfants ? Que cet homme passe à l'acte ? Je décide de ne plus représenter mes enfants à leur père pour les protéger.

En juillet 2014, une nouvelle audience devant le juge aux affaires familiales a lieu dans le cadre des droits de visite du père. Le juge décide de mettre en place des visites en lieu neutre sans la présence d'un tiers d'une durée de deux heures, une fois par mois. Au préalable, nous devons tous passer des entretiens avec l'éducateur de référence mandaté par le juge ; mon ex-compagnon ne se présente pas devant les éducateurs en prétextant que cette décision de justice n'est pas légitime. Et il ne se rend pas aux visites avec nos enfants.

Le harcèlement reprend de plus belle. Je reçois jusqu'à soixante-dix appels et SMS en une journée. Je dépose plusieurs plaintes, malheureusement rien ne change. Je me sens seule et démunie. Je prends conscience que la seule chose qui l'intéresse, c'est de me persécuter et de garder ainsi une emprise sur moi par le biais de nos enfants.

Un compte rendu par l'éducateur référent de l'Union départementale des associations familiales (UDAF) est envoyé au juge aux affaires familiales, expliquant que mon ex-compagnon ne se présente pas aux visites pour voir ses enfants. En revanche, il se rend à leur école. La police doit à chaque fois intervenir. Pour les enfants, la situation est humiliante et insoutenable. Ils sont traumatisés et apeurés.

Le juge aux affaires familiales suspend les visites en lieu neutre, mais je sais qu'il ne va pas s'arrêter. Je prends conscience que je dois mettre une distance géographique, je décide de fuir le plus loin possible. Du fait de l'autorité parentale conjointe, je ne peux aller au-delà de 400 km. Alors, je me rapproche d'une association d'aide aux victimes qui me trouve un logement à 397 km, nous déménageons. Pour mes enfants, c'est une grosse séparation avec leurs camarades, néanmoins ils comprennent aussi qu'ils n'ont pas une vie normale, comme les autres enfants de leur âge.

Mon ex-conjoint trouve mon adresse postale, mon médecin traitant et l'établissement scolaire de mes enfants. Un soir, ça sonne à l'interphone. Je reconnais sa voix. La traque commence. Il a appelé l'académie pour retrouver l'établissement ainsi que la Sécurité sociale.

Ma fuite n'est pas bien reçue par le juge aux affaires familiales qui demandera, en mars 2015, la reprise des visites en lieu neutre. Je reste décontenancée par cette décision de justice incompréhensible. C'est à moi de prendre en charge les frais de transport et d'hébergement pour emmener mes enfants auprès de leur père, à 397 km de là, un week-end sur deux pendant deux heures. Au chômage, sans versement de la pension alimentaire (525 euros), je n'avais pas les moyens financiers de me soumettre à ce jugement. Je le signale au juge, je n'ai obtenu aucune réponse.

Fin 2015, mon ex-compagnon est condamné par la cour d'appel, pour les appels téléphoniques malveillants réitérés, à dix mois de prison ferme dont quatre avec sursis et trois ans de mise à l'épreuve avec obligation de soins et interdiction de rentrer en contact avec moi. En première instance, il avait pris dix-huit mois de sursis. C'est un soulagement. Mais finalement, il n'ira pas en prison car il a un CDI et que c'est une condamnation de moins de 12 mois. Je suis choquée.

À la même période, mon ex-compagnon saisit le juge aux affaires familiales de mon nouveau lieu de domicile pour obtenir un droit de visite classique sur nos enfants. J'obtiens la garde exclusive, cependant l'autorité parentale reste conjointe. Il bénéficie de nouveau d'un droit de visite en lieu neutre une fois par mois durant deux heures. Cette fois, non loin de mon domicile. Mes enfants souffrent de la situation. Ils sont pris dans un conflit de loyauté avec leur père. Et malgré le fait que je souhaite les protéger, je ne peux les priver de leur père. J'ai encore espoir qu'il ne leur fera aucun mal dans un lieu dit sécurisé.

Cela fait plus d'un an qu'ils n'ont pas vu leur père. Ils sont à la fois très excités, et en même temps, ils appréhendent. Je les laisse au seuil de l'entrée à une éducatrice. Celle-ci les dépose dans une salle, les laissant livrés à eux-mêmes face à leur père pendant deux heures. « Est-ce qu'un homme vient à la maison ? » les interroge-t-il. Mes enfants comprennent très vite que leur père ne s'intéresse pas à eux, mais qu'il veut récupérer des informations sur moi. Pendant cette visite, il va jusqu'à donner un téléphone à ma plus grande, alors âgée de neuf ans, en lui expliquant que lorsqu'il appellera, elle devra lui dire où elle est, ce qu'elle fait et avec qui elle est. Lorsque je récupère mes enfants, ils sont dans un état de sidération et de dissociation. Je casse la puce téléphonique et j'éteins le téléphone, et surtout, je comprends que ce lieu n'est pas suffisamment adapté pour sécuriser mes enfants. Je décide d'interrompre les visites pour protéger mes enfants.

Je dépose plusieurs mains courantes en expliquant les raisons pour lesquelles je ne présente pas les enfants à leur père. Mon ex-conjoint saisit l'occasion pour déposer des plaintes contre moi pour non-représentation d'enfant et je suis à chaque fois convoquée au commissariat. Heureusement, ses plaintes sont classées sans suite. Mon ex-compagnon ne s'arrête pas là sur le plan judiciaire. Il fait une citation directe[38] pour les plaintes classées sans suite pour non-représentation d'enfant. Il a bien compris comment faire jouer les failles du système judiciaire en sa faveur. Il ira jusqu'à appeler le 119 (la CRIP[39]) pour donner une information préoccupante[40] sur nos enfants en disant que je buvais de l'alcool, me droguais, me prostituais... Je suis convoquée par

38. La citation directe vous permet, en tant que victime d'une infraction, de saisir directement un tribunal pénal. Le procès peut avoir lieu même en l'absence d'une enquête approfondie de la police ou de la gendarmerie. Vous devez donc être en mesure de présenter des preuves suffisantes contre l'auteur présumé des faits. Cette procédure est possible seulement contre une personne identifiée, l'auteur soupçonné de l'infraction doit être connu. L'auteur des faits, s'il est reconnu coupable par le tribunal, peut être condamné à une peine de prison et/ou d'amende et devoir vous indemniser si vous demandez des dommages et intérêts.

39. La CRIP est la cellule de recueil et de traitement des informations préoccupantes. Le 119 est le numéro d'appel destiné à tout enfant ou adolescent victime de violences ou à toute personne préoccupée par une situation d'enfant en danger ou en risque de l'être.

40. L'information préoccupante est une information transmise à la CRIP pour alerter sur la situation d'un mineur, bénéficiant ou non d'un accompagnement, pouvant laisser craindre que sa santé, sa sécurité ou sa moralité sont en danger ou en risque de l'être ou que les conditions de son éducation ou de son développement physique, affectif, intellectuel et social sont gravement compromises ou en risque de l'être.

la protection de l'enfance. C'est moi qui me retrouve suspectée d'être le parent maltraitant. C'est la double peine. Insupportable. Une enquête sociale est diligentée par la protection de l'enfance. Les voisins et le personnel de l'école sont interrogés. L'assistante sociale dira bien que je suis une personne équilibrée, stable et protectrice. Dès lors, c'est la protection de l'enfance qui saisit le juge des enfants.

Juin 2016, je dois faire face à une double audience au sein du même tribunal. Tout d'abord une audience au civil devant le juge des enfants, car mon ex-conjoint avait fait un signalement auprès de la protection de l'enfance, fin 2015, m'accusant de prostitution, d'alcoolisme et de toxicomanie. Et une autre devant le tribunal correctionnel pour non-représentation d'enfant. J'obtiens, pendant la même période, mon troisième téléphone grave danger. Je suis condamnée à cinq mois de sursis et 1 600 euros de dommages et intérêts à verser à mon ex-compagnon pour le préjudice moral subi. Je suis sous le choc et anéantie. Pendant huit ans de violences conjugales, je me suis culpabilisée pour ne pas avoir suffisamment protégé mes enfants. Et lorsqu'enfin je trouve la force et le courage, c'est la justice qui me condamne. Je fais appel de cette décision. Parallèlement, au civil, le juge des enfants admet qu'ils ne sont pas en sécurité avec leur père en lieu neutre, seulement il faut absolument maintenir les liens. Le juge met en place une assistance éducative en milieu ouvert et des visites médiatisées une fois par mois d'une durée de une heure trente. Cette fois, ces visites seront encadrées par des professionnels. Le juge des enfants ordonne un placement de six mois des enfants chez moi et mandate l'aide sociale à l'enfance pour venir récupérer les enfants à mon domicile afin de les amener aux visites médiatisées, et ainsi pour s'assurer de la double protection : mes enfants et moi-même.

Septembre 2016, lors de la première visite, il fait bonne figure devant l'éducatrice et la psychologue. Les enfants se sentent davantage en sécurité, puisqu'ils savent qu'il y a deux professionnelles auprès d'eux. Rapidement, mon ex-compagnon exprime le désir de voir ses enfants seul, sans professionnel, et de sortir avec eux. Au fil des visites, la tension monte et mon ex-compagnon ira jusqu'à agresser verbalement les professionnels présents. En décembre 2016, au bout de la quatrième visite, les professionnels envoient un rapport au juge pour demander l'arrêt des visites car il en va de la sécurité des enfants.

En 2017, le juge des enfants suspend les visites médiatisées. Néanmoins, je bénéficie toujours d'une AEMO pour s'assurer de la sécurité des enfants, m'expliquera le juge. Cela ne plaît pas au père qui ira jusqu'à menacer de mort le juge.

Il ressaisit dans la foulée le juge aux affaires familiales qui décide que le père peut récupérer les enfants en lieu neutre et sortir avec eux sans aucune surveillance une fois par mois. Il conserve également son autorité parentale. La décision de ce juge est, encore une fois, incompréhensible et ne va en aucun cas dans l'intérêt des enfants. Bien au contraire, les enfants sont mis dans une position de danger. Je suis pétrifiée. Les deux décisions sont totalement contradictoires : on passe d'un extrême à l'autre.

En mars 2018, mes enfants, mon ex-compagnon et moi-même devons nous soumettre à une expertise psychologique. Mes enfants diront qu'ils sont en souffrance et qu'ils souhaitent faire une pause avec les visites médiatisées en lieu neutre.

La directrice du lieu neutre convoque le père pour un entretien. Comme il ne se présente pas, elle décide que les visites médiatisées ne se feront pas et protège ainsi mes enfants. Pour combien de temps ?

En septembre 2018, une énième audience devant le juge aux affaires familiales va se tenir. Cette fois, les visites médiatisées seront suspendues pendant six mois et j'obtiens l'exercice total de l'autorité parentale[41]. Cependant, mon ex-compagnon conserve un droit d'information[42] sur nos enfants… C'est une protection supplémentaire pour mes enfants.

En octobre 2018, mon ex-compagnon commet le pire, il va faire croire à tout le monde qu'il est mort. En se faisant passer pour son frère, il appelle les établissements scolaires des enfants,

---

41. Le parent qui exerce l'autorité parentale prend seul toutes les décisions concernant la personne de l'enfant. Il n'a pas à consulter l'autre parent.

42. Le parent qui n'a pas l'exercice de l'autorité parentale conserve le droit et le devoir de surveiller l'entretien et l'éducation de l'enfant. Il doit être informé des choix importants concernant la vie de ce dernier.

l'association en charge de protéger les enfants (UDAF), les éducateurs en charge des visites médiatisées, la greffière du juge des enfants... Et il annonce son propre suicide dans un courrier de cinq pages à l'attention des enfants en justifiant son acte. C'est le proviseur du collège qui me contacte pour m'annoncer sa mort. Je n'y crois pas un seul instant. Je pense que l'on a dû me prendre pour une folle, mais peu importe, je veux la preuve. Je sais de quoi il est capable. Personne ne sait aussi bien que moi le niveau de perversité de mon ex-conjoint. Le juge des enfants mandate l'éducateur et la psychologue en charge de l'AEMO de venir à mon domicile un vendredi vers 18 heures pour annoncer le suicide à mes enfants. Ces derniers ont respectivement huit, neuf et douze ans. En parallèle, je me rapproche du commissariat de son domicile pour vérifier cette annonce. Plus tard dans la soirée, vers 21 h 30, je reçois un coup de téléphone de la police : mon ex-conjoint est bien vivant, assis dans son fauteuil... « Papa a réussi à éteindre la dernière étincelle d'amour que j'avais pour lui », dira la plus grande de mes enfants. C'est d'une violence inouïe. Je décide de déposer plainte pour violences psychologiques sur mineurs. Cette fois, il y aura une réquisition[43] pour les enfants. Ils seront examinés par l'UAED et auront chacun dix jours d'ITT[44]. L'affaire est renvoyée devant le tribunal correctionnel. Bien évidemment, il dément. Il est relaxé en mars 2020 par le tribunal par manque de preuves, peu avant le premier confinement.

En juin 2019, le père saisit de nouveau le juge aux affaires familiales pour demander des visites afin de voir ses enfants. Ironie du sort, il sera absent à cette audience, puisqu'il a été incarcéré la veille à la suite de menaces de mort sur un procureur de la République. Pour la première fois, le juge entend mes enfants et cela fait toute la différence. Pour éviter qu'on me reproche d'être une mère aliénante et pour avoir plus de poids juridique, ces derniers ont leur propre avocat depuis juin 2016. Lors de cette audience, je conserve l'exercice de l'autorité parentale et mon ex-compagnon a ses droits parentaux suspendus et interdiction de contacter les enfants par voie postale et téléphonique. Les

---

43. La réquisition est une mesure contraignante prise par l'autorité judiciaire pour exiger l'accomplissement de certaines prestations et pour lever, dans certains cas, le secret professionnel. La direction de l'établissement de santé en a systématiquement connaissance.

44. Incapacité temporaire totale.

enfants sont rassurés et, à partir de cet instant, ils commencent à faire le deuil d'un père imaginaire bienveillant et aimant.

Je décide de déménager à nouveau, tout en restant dans la même ville. Je pensais avoir un peu de répit du fait de l'incarcération de mon ex-conjoint, malheureusement, le cauchemar ne s'arrête pas aux portes de la prison. Encore une fois, il retrouve ma nouvelle adresse et envoie un courrier avec son numéro d'écrou à mes enfants : « Ayez la foi, c'est bientôt fini. » Je prends peur et je dépose plainte. Il prétend ne pas être au courant du jugement lui interdisant d'entrer en contact avec ses enfants.

Fin 2019, le tribunal en charge de l'affaire mandate la police du ressort de mon domicile pour faire une réquisition afin de montrer le retentissement psychologique que son faux suicide a eu sur moi. J'obtiens trente jours d'ITT psychologiques... On me remet un quatrième téléphone grave danger.

En mars 2020 se tient une audience devant le tribunal correctionnel pour les violences psychologiques datant d'octobre 2018. Il est relaxé. En tant que victime, je ne peux pas faire appel, mais j'apprends que la procureure a fait appel de la décision. La police a manqué de demander le relevé des appels téléphoniques auprès de son fournisseur téléphonique et de convoquer son frère pour savoir si c'était lui qui avait passé les appels.

Le courrier envoyé à mon domicile a donné lieu à une nouvelle protection. En mars 2020, avec l'arrivée du premier confinement, l'établissement scolaire a commis une erreur administrative qui a mis en péril notre sécurité : le collège a rendu notre adresse visible par le père de mes enfants, sur le logiciel de vie scolaire. Je continue donc de multiplier les ordonnances de protection. Ma mère est incluse dans ces ordonnances même si elle n'habite pas avec nous parce qu'il la harcèle par téléphone et physiquement.

En revanche, les enfants ne sont pas inclus dans les ordonnances de protection. J'ai peur pour eux et je décide de déménager pour la troisième et quatrième fois, toujours plus loin. Malgré tout, mon ex-conjoint ne nous laisse aucun répit et arrive de nouveau à nous retrouver.

En mars 2021, la cour d'appel prononce ma relaxe sur l'état de nécessité. Monsieur fait un pourvoi en cassation. En avril 2022, la Cour de cassation confirme ma relaxe.

Ce cauchemar aura duré plus de dix ans où j'enchaîne les convocations face aux juges, passant de victime à coupable, devant me battre pour prouver que j'agis pour le bien de mes enfants. Le parcours a été ubuesque et donne le vertige : quarante audiences, sept téléphones grave danger, trois ordonnances de protection, deux mises à l'épreuve et sept ans de protection juridique.

Aujourd'hui, avec mes enfants, nous avons décidé de ne plus fuir car ce n'est pas à nous d'avoir peur et d'être en cavale. À présent, on aspire à vivre en paix. En 2013, lorsque j'ai quitté mon conjoint violent, et pendant les années qui ont suivi, je me suis sentie seule et pas entendue par la justice. Mais à présent, nous sommes quatre. La parole de mes enfants (dix-sept, quinze et quatorze ans) est prise en compte, la mienne aussi. Et même si le combat juridique ne s'arrête pas, nous sommes plus sereins lors des audiences, malgré l'insécurité émotionnelle, et plus confiants en la justice. Je tente de me reconstruire tant bien que mal, j'ai même repris mes études. Aujourd'hui adolescents, mes enfants savent ce qui est le mieux pour leur bien-être. Ils ont pris la décision de ne plus voir leur père. À présent, ils veulent vivre normalement, sans lui. Voilà leur perception des choses dix ans après notre départ.

Je souhaite remercier mes enfants pour m'avoir donné la force et le courage, ma mère pour sa présence à mes côtés et mes sœurs pour leur soutien moral, et enfin les avocates pour exercer leur fonction avec conviction. Merci aussi à Laura et Alizé pour cet ouvrage.

Enfin, j'ai un message à faire passer à la Justice : il faut rendre responsable les auteurs de violences afin de couvrir tous les frais médicaux de leur victime.

Chapitre 4

Au-delà d'un féminicide

> *« Mon cœur et ma princesse, quatre ans que je vis sans vous. J'ai l'impression que chaque année est une vie entière tellement votre absence est présente. Cette année a été difficile, mais justice a été rendue. Tout ce qu'il me reste à présent, ce sont les merveilleux souvenirs de ces années passées avec toi et mon combat pour obtenir la reconnaissance de Lynaïs. Je me battrai jusqu'au bout avec le peu d'armes que j'ai pour arriver à mes fins. Je vous aime pour l'éternité. »*
>
> *Élie, compagnon de Chloé et papa de Lynaïs, le 4 août 2023 sur Instagram.*

Ce matin du 4 août 2019, nous étions heureux, surtout avec l'arrivée prochaine de notre petite fille, Lynaïs. Chloé était enceinte de huit mois. Quelques jours avant, elle avait eu rendez-vous chez le gynécologue pour l'échographie obligatoire. Lynaïs pesait déjà 2,6 kg. J'ai entendu son cœur battre, un instant magique, suspendu dans le temps. J'avais si hâte de la tenir dans mes bras… Sa naissance était prévue pour le 12 septembre.

Chloé avait eu un fils d'une précédente union. Elle devait se rendre au domicile de son ex-compagnon pour le récupérer, après qu'il avait passé le week-end chez lui. Elle n'était jamais très rassurée à l'idée d'y aller, notamment depuis qu'il avait porté des menaces à son encontre lorsqu'il avait appris sa nouvelle grossesse. Elle s'était rendue au commissariat pour demander de l'aide aux policiers, une mesure de protection, mais la police avait refusé malgré les preuves de menaces de mort. Elle n'avait pas porté plainte par crainte de représailles envers son fils.

À chaque fois, c'était le même rituel : Chloé m'envoyait un message quand elle arrivait chez son ex-compagnon et un autre au moment de partir. Je n'ai reçu que le premier message... Le passage de bras était souvent très rapide, Chloé ne s'attardait pas. Je sentais bien que quelque chose n'allait pas. J'ai essayé de l'appeler, mais elle n'a pas répondu. J'étais inquiet, j'ai décidé de me rendre directement au domicile de son ex-compagnon.

Lorsque je suis arrivé sur place, il y avait déjà tant de monde... Une personne du Samu s'est avancée vers moi pour m'annoncer l'impensable : Chloé avait été tuée de plusieurs balles par son ex-compagnon. Il ne lui avait laissé aucune chance. « Est-ce que le bébé a survécu ? » On m'a répondu que non. J'ai vu ma vie basculer en quelques secondes. Je venais de perdre ce que j'avais de plus précieux : ma compagne et ma fille.

Comment un homme a-t-il pu tuer une femme enceinte de huit mois ? La mère de son propre enfant ? Comment un homme peut s'octroyer le droit de tuer ?

La justice va me ramener à la réalité. Ma fille, Lynaïs, ne sera pas reconnue comme victime. C'est la notion d'*infans conceptus* : le fœtus n'est pas un sujet de droit tant qu'il n'est pas né vivant et viable (il faut une première respiration en dehors du ventre de la mère pour être considéré comme vivant). Il n'est pas « autrui ». Un enfant mort-né n'est pas et n'a jamais été une personne. Il ne peut donc être juridiquement victime et on ne peut se constituer partie civile pour lui. On en déduit que la qualification d'homicide ne peut être retenue. C'est une appréciation jurisprudentielle[45] et non légale.

Les experts s'accordent à dire qu'un enfant est viable à partir de vingt-deux semaines d'aménorrhée et qu'il doit peser au minimum 500 grammes. D'un côté, la justice me dit que Lynaïs n'a pas pu voir le jour car elle est l'une des victimes de ce meurtre. Et de l'autre, la justice me dit qu'étant donné que Lynaïs n'était pas sorti du ventre de sa mère, elle n'était donc pas considérée comme vivante au moment des faits. Je ne comprends pas cette contradiction.

---

45. Cour de cassation, assemblée plénière n° 2011-010321, 29 juin 2001.

Mon seul recours était de demander *un acte d'enfant sans vie*[46]. Cette demande avait surtout une valeur sentimentale à mes yeux, mais c'est aussi utile pour l'état civil lorsque l'on fait une reconnaissance préalable de paternité et maternité. Je m'étais dit aussi que cela pourrait avoir un poids supplémentaire lors du procès pour montrer que cet homme avait fait deux victimes. J'ai tout tenté. Cela m'a été refusé par l'état civil, car nous n'étions ni pacsés ni mariés et je n'avais pas fait de reconnaissance anticipée de paternité[47]. J'aurais tant aimé avoir un livret de famille, une preuve que j'avais eu une fille. Je n'obtiendrais même pas de certificat de décès. C'était la double peine. Au procès, je ne pouvais présenter qu'un document écrit par le gynécologue de Chloé qui mentionnait que Lynaïs était viable quelques jours avant le drame.

Je me souviens de la convocation chez la juge d'instruction. Cette dernière a été dans l'ensemble bienveillante, mais j'ai eu du mal à accepter qu'elle parle de « circonstance aggravante » du fait que ma compagne était enceinte. Ma fille était un être humain à part entière, et donc, une victime. C'est comme si ma fille n'avait jamais existé et qu'elle ne pouvait obtenir justice.

Le 13 mars 2023 s'est ouvert le procès aux assises du meurtrier de Chloé et Lynaïs. Trois jours qui m'ont semblé interminables... Je vais entendre de nouveau que ma fille Lynaïs n'est qu'un fœtus ! Lorsque je vais à la barre, je ne peux m'empêcher de dire au président de la cour d'assises que, malgré sa bienveillance, ma fille ne peut être considérée comme un fœtus et qu'elle a un prénom : Lynaïs. Le président s'est excusé. Je savais bien que ma fille ne serait pas reconnue comme une victime à part entière, car la loi ne le permet pas, mais j'espérais que l'on parle d'elle comme d'un être humain lors de ce procès.

---

46. Article 79-1 du Code de procédure civil.

47. Comme son nom l'indique, il s'agit d'un acte administratif qui consiste en la reconnaissance d'un enfant par le père biologique pendant la période de grossesse. Elle peut être faite par le père seul ou conjointement avec la mère (déclaration conjointe). La reconnaissance anticipée n'est pas une obligation. En effet, si le père supposé n'est pas certain d'être le géniteur, il peut demander à faire un test ADN au préalable pour effacer ses doutes. Ensuite, la reconnaissance de paternité pourra être faite lors de la déclaration de naissance de l'enfant. Il faut noter que la filiation est établie de façon automatique à l'égard de la mère, de la même façon que pour le père, s'il est marié à cette dernière. On parle alors de présomption de paternité. La reconnaissance anticipée s'adresse surtout au père de l'enfant non marié à la mère (démarche volontaire).

Le meurtrier de Chloé et Lynaïs sera condamné à la réclusion criminelle à perpétuité assortie d'une peine de sûreté de vingt-deux ans pour assassinat par la cour d'assises d'Aix-en-Provence le 15 mars 2023. La cour prononcera également le retrait de l'autorité parentale sur l'enfant que Chloé avait eu avec cet homme. Il est aussi une victime à protéger de son père. Il ne reverra plus jamais sa mère. Il est conscient de ce que son père a fait à sa mère. Il a peur de lui. Depuis que son père est en prison, il n'a plus eu de contact avec lui. Aujourd'hui, c'est la sœur de Chloé qui l'élève. Elle a été désignée tiers digne de confiance lors d'une audience devant le juge aux affaires familiales après le procès aux assises. J'ai toujours des contacts avec lui et, de temps en temps, il vient dormir chez moi. Je l'aime comme mon enfant.

Le verdict m'a quand même apporté un soulagement. Mais je m'interroge sur le système juridique et les lois de notre pays : comment est-il possible qu'en 2023, on ne reconnaisse pas un enfant à naître comme une victime à part entière lorsque celui-ci se fait tuer dans le ventre de sa mère ? Est-ce que les législateurs se rendent compte de la souffrance supplémentaire infligée aux parents d'un point vue juridique[48] ?

Je vais toutes les semaines au cimetière rendre visite à ma compagne et ma fille. Je leur parle… cela m'apporte du réconfort. J'ai le sentiment qu'elles sont présentes. Pour moi, le deuil n'est pas possible. J'apprends à vivre sans elle, mais je ne parviens pas à faire le deuil de mon enfant.

---

48. Le législateur conditionne la qualification d'homicide à l'existence d'une personne. La subtilité, c'est que la personne existe au sens civil selon des critères qui sont, eux, jurisprudentiels, ceux cités plus haut.

« Quatre ans. Tu aurais dû avoir quatre ans aujourd'hui. Quatre ans que je te vois grandir dans mes pensées et dans mes rêves. Mon imagination est sans limite quand je pense à toi. Quatre ans qu'on me dit que non tu n'étais pas un être vivant, car tu n'es pas née, tu n'as pas respiré. Quatre ans que j'ai la même réponse. Tu avais un prénom, tu t'appelais Lynaïs. Ils ne le savent pas encore, mais j'aurai gain de cause un jour. Les lois absurdes sont faites pour être changées. Je t'aime pour l'éternité. »

Élie, papa de Lynaïs et conjoint de Chloé, publication Instagram du 12 septembre 2023.

Chapitre 5

Je te crois ma fille

> *« Je voulais juste protéger ma fille, j'avais confiance en la justice. J'y allais avec beaucoup d'espoir. »*
>
> *Sarah, maman de Julie*[49]*,*
> *douze ans aujourd'hui.*

Il y a des amours de lycée qu'on n'oublie pas. Ces premières amours où l'on ressent ces papillons dans le ventre. Nous nous étions perdus de vue pendant douze longues années. Lorsque Pierre[50] me contacte sur les réseaux sociaux, tout me revient en tête. J'accepte rapidement de le rencontrer. Une rencontre qui réactive des sentiments lointains, c'est comme si nous reprenions notre relation là où elle s'était arrêtée. Je me dis que c'est la vie qui l'a remis sur mon chemin. C'est un signe du destin qu'il faut accueillir. Je sens que le bonheur tape enfin à ma porte.

Les premiers mois de notre relation amoureuse sont agréables. Je ressens quelque chose de très fort et intense entre nous. Pierre me demande rapidement si je veux emménager avec lui. Il était à ce moment-là tout ce que j'attendais d'un homme à l'époque : gentil, drôle, attentionné. Je décide de sauter le pas. Très vite, Pierre m'exprime son souhait d'être père. Il est très insistant auprès de moi. Je ne suis pas contre l'idée de devenir maman et j'accueille cela comme un signe du destin. Je tombe enceinte rapidement, ce qui m'a beaucoup surprise. Nous sommes tous les deux très heureux. Notre couple se porte bien. Je me dis qu'il n'y a aucune inquiétude à avoir pour l'avenir.

---

49. Prénom modifié.

50. Prénom modifié.

Seulement, au fil des semaines, je vois mon amoureux changer de comportement. Il devient négligent à mon égard, il adopte des comportements immatures et, surtout, je remarque qu'il a des regards très déplacés vis-à-vis d'autres femmes. C'est un peu la douche froide pour moi, j'ai l'impression d'être avec une autre personne. Sa relation avec sa mère me déplaît fortement. Ils sont trop fusionnels et cela impacte notre vie de couple. Sa mère possède les clés de chez nous, elle vient quand elle veut, sans prévenir, que ce soit pour faire le ménage, changer les draps... C'est intrusif.

Un jour, je tombe sur des messages à caractère sexuel de Pierre envoyés à d'autres femmes. Pour moi, la confiance est rompue. Je comprends alors que Pierre n'est pas l'homme de ma vie et je fais le choix de rompre avec lui. Enceinte, je m'installe chez des amis pour prendre du recul. Malgré tout, je ne souhaite pas le priver de son enfant. Je le rassure, lui et ses parents pourront voir le bébé. Je n'ai aucune nouvelle de Pierre jusqu'à l'accouchement.

Ce jour-là, j'étais apaisée, en accord avec moi-même. Je me souviens des premiers instants avec ma fille, de lui avoir souri lorsque j'ai vu sa petite bouille. Pierre était présent à l'hôpital, mais je lui ai refusé d'entrer dans la salle d'accouchement, ce qu'il a très mal vécu. Pour moi, ce n'était pas pensable. Nous n'étions plus ensemble, mon refus était légitime. Je ne souhaitais pas priver Pierre de son rôle de père, mais seulement instaurer un cadre.

Dès que je quitte l'hôpital, je prends la décision de saisir le juge aux affaires familiales afin de formaliser la garde de notre fille, Julie. La situation est insoutenable : Pierre vient à mon domicile sans prévenir, il n'en fait qu'à sa tête. Un soir, il insiste pour rester manger chez moi alors que je ne veux pas. Je lui demande de partir. Il prend le plat que j'avais préparé et s'enfuit avec. Je suis outrée de ce comportement immature et je commence à m'inquiéter de ce qu'il peut faire. Je dépose une main courante.

Quelques mois plus tard se tient une audience devant le juge aux affaires familiales. J'obtiens la garde exclusive et Pierre aura le droit à des visites dans un espace médiatisé deux fois par mois. À compter des six mois de Julie, ces visites se feront sans médiation et il pourra la prendre tous les samedis en journée. Suite au jugement, Pierre se calme.

Un jour, Pierre ne veut pas me rendre Julie et part en courant avec elle. J'ai eu très peur. Je suis obligée d'appeler les gendarmes. Il prétexte que je lui avais mal parlé et qu'il était énervé. Il m'a présenté ses excuses, mais je reste méfiante.

Je souhaite faire une formation dans le domaine médical et, pour cela, il faut que je déménage. Je veux également me rapprocher de la ville où j'habitais avant de me mettre en couple avec Pierre. Il accepte ce départ. Il faut ressaisir le juge aux affaires familiales pour les droits de visite. Pierre le saisit et obtient un droit de garde un week-end sur deux et la moitié des vacances scolaires. Au début, cela se passe plutôt bien. J'avais parfois un retard de dix minutes, dont je le prévenais et qui n'était pas de mon fait, pour le passage de bras, ce qu'il ne supportait pas. Je commençais à avoir de plus en plus peur de Pierre. À plusieurs reprises, j'ai dû appeler la police. C'était très conflictuel entre nous. J'ai dû déposer plusieurs mains courantes contre lui à cause de son comportement : il me criait très fort dessus ; une fois, il m'a pris Julie des bras violemment en m'insultant parce que j'étais arrivée en retard au passage de bras... Les mains courantes servent à laisser une trace de cette violence si cela devait empirer par la suite. Pierre a essayé de revenir à plusieurs reprises vers moi, mais j'ai toujours refusé.

Au fur et à mesure que le temps passe, je rencontre un nouveau conjoint. J'emménage avec lui. De son côté, Pierre refait également sa vie.

Un soir, Julie rentre d'un week-end chez son père et elle m'annonce l'impensable avec ses mots d'enfant : « Il me touche le zizi, il se balade tout nu devant moi, il m'embrasse sur la bouche... » Elle mimait les gestes. Je suis sous le choc. Je ne m'attendais pas du tout à ces révélations. Je me dis que ma fille doit mal interpréter les gestes de son père. Pour la rassurer et surtout essayer de comprendre, je lui demande si ces gestes ne sont pas faits dans le cadre du bain. Ma fille me répond que non, ce n'est pas pour la laver, c'est pour jouer... Je n'arrive plus à trouver mes mots... Ma fille du haut de ses quatre ans arrive à faire la part des choses entre l'hygiène et ces gestes obscènes. Julie me donne même des exemples précis d'endroits comme dans la chambre, la piscine où son père l'agresse sexuellement. Je me sens terriblement mal.

Je décide d'appeler le pédiatre pour relater les faits. Sous son conseil, j'emmène Julie à l'UHED[51]. Ma fille est reçue seule. Et de mon côté, je suis entendue sur ma relation avec Pierre. Après nous avoir écoutés, les professionnels en déduisent qu'il n'y a rien de grave, d'autant que ma fille ne pleure pas. Ils estiment que cela relève d'un conflit parental et qu'il n'y a pas de danger imminent pour l'enfant. Ils n'alertent pas les instances compétentes en rédigeant une information préoccupante. Pour eux, ce n'était pas de l'inceste, le père n'a juste pas de bonnes attitudes avec sa fille. Je me sens mal lorsque je sors de l'entretien ; je suis à la fois perturbée et en confiance. Ce sont des professionnels après tout… J'obtiens quand même un document indiquant qu'avec Julie nous sommes passées à l'UHED. Je me dis qu'il est préférable de ne pas en parler à mon ex-conjoint, mais je tente d'aborder le sujet en lui demandant de ne plus se balader nu devant Julie et de ne plus lui faire de bisous sur la bouche. Sa réaction me laisse un peu sans voix : il me dit qu'il fait ce qu'il veut et que je n'ai rien à dire.

Un soir, Julie rentre de chez son père, fatiguée et pâle. Elle me dit de nouveau que son père lui « touche le zizi ». Je me tourne vers le médecin de famille qui me persuade de me rendre au commissariat. Nous sommes en octobre 2015, je dépose plainte pour agressions sexuelles sur mineur. Les policiers entendront ma fille malgré leurs réticences : ces affaires sont souvent classées sans suite, faute de preuves. Je prends alors un avocat et obtiens une audience mi-décembre. En attendant, je ne présente plus Julie à son père.

Durant ce laps de temps, je dois faire face à un harcèlement téléphonique de mon ex-compagnon qui souhaite voir notre fille. Je suis consciente d'être hors la loi, mais je n'ai pas le choix. C'est le seul moyen que j'ai pour protéger ma fille.

---

51. Unité hospitalière de l'enfance en danger.

Rapidement, je suis convoquée au commissariat pour non-représentation d'enfant. Pourtant, j'avais un certificat médical pour Julie et de multiples dépôts de main courante. On me traite comme une criminelle. Le policier qui me reçoit ce jour-là m'informe que je risque une amende et de la prison, mais que « j'ai de la chance », vu que je n'ai pas de casier judiciaire, j'écoperai d'un rappel à la loi. Je tente de protéger ma fille par tous les moyens, et néanmoins, je suis coupable. La justice ne me laisse pas le choix : je dois remettre ma fille à son père. Je suis effondrée. Comment peut-on inverser la culpabilité ?

Décembre 2015, lors de l'audience du juge aux affaires familiales, je demande l'arrêt des droits de visite et d'hébergement et je propose des visites médiatisées pour que ma fille ne se retrouve pas seule avec son père. L'avocat de la partie adverse m'accuse d'aliénation parentale[52] et évoque l'affaire d'Outreau[53]. Je suis choquée de ce positionnement. La juge ne pose aucune question. Mon ex-conjoint demande alors un transfert de garde du fait de cette accusation. La juge ne me donne pas raison et m'ordonne de remettre ma fille un week-end sur deux au père, sous peine d'être moi-même condamnée et de perdre la garde de ma fille. Je risque jusqu'à 45 000 euros d'amende pour non-représentation d'enfant[54]. Je suis abattue par cette décision que je ne comprends pas. Je demande de l'aide à la justice pour finalement me retrouver sur le banc des accusés. La longue descente aux enfers va débuter pour sauver ma fille...

Je reçois une convocation du juge des enfants qui souhaite comprendre les raisons de non-représentation de ma fille à son père. Une nouvelle audience va se tenir. J'ai décidé d'y aller sans avocat, pensant que mes paroles et ma bonne foi allaient suffire

---

52. L'aliénation parentale se décrit comme un phénomène dans lequel un des parents se livre à des comportements aliénants, influençant l'esprit de l'enfant afin de favoriser chez lui le rejet injustifié et la désaffection à l'égard de l'autre parent.

53. L'affaire d'Outreau est devenue l'un des plus grands scandales judiciaires. Les trois enfants de Myriam Badaoui et Thierry Delay accusent leurs parents de viol et dénoncent également d'autres adultes. Au total, ce sont dix-huit personnes qui sont mises en examen et incarcérées. Finalement, quatorze personnes seront reconnues innocentes et quatre, dont les parents, sont reconnus coupables. Ce procès a révélé de multiples dysfonctionnements judiciaires et l'importance de prendre avec méthode et prudence le témoignage des enfants. S'est ensuivie une grosse frilosité de la part de la justice et de la police d'accorder du poids à la parole des enfants.

54. Article 227-5 du Code pénal : le fait de refuser indûment de représenter un enfant mineur à la personne qui a le droit de le réclamer est puni d'un an d'emprisonnement et de 15 000 euros d'amende.

face à la juge. Je lui explique toute la situation, mais celle-ci me reproche mes angoisses et m'avance que je n'ai pas d'inquiétudes à avoir. La juge prendra parti pour le père et refusera une action éducative en milieu ouvert (AEMO). Je décide de contester par une lettre recommandée, néanmoins la juge n'en tient pas compte, car, pour elle, je suis instable. Elle classe le dossier. J'ai l'impression que le ciel me tombe sur la tête. Cette justice est incompréhensible pour moi et je me sens totalement abandonnée par l'institution judiciaire qui ne veut ni croire ni protéger ma fille.

Entre-temps, je reçois les convocations pour les expertises psychologiques. Ma fille, mon ex-conjoint et moi devons chacun en passer une. C'est ordonné par le juge aux affaires familiales, je n'ai pas le choix. À ce moment-là, j'essaie encore de croire en la justice. Je me dis que grâce aux expertises, on va bien voir que je ne suis pas une manipulatrice et que ma fille ne ment pas. La vérité va finir par sortir. L'expertise familiale se passe bien pour ma fille et moi. Elle souligne que je suis angoissée à l'idée de remettre ma fille à son père. L'expertise du père met en avant qu'il a des comportements que l'on peut qualifier de passages à l'acte incestuel. La psychologue préconise de rappeler au père l'interdiction de tout geste déplacé. Et elle conclut que « si des changements de comportement n'avaient pas lieu à terme, le droit de visite ainsi que l'exercice de l'autorité parentale pourraient être remis en question ». Je pense vraiment qu'avec ces expertises, le calvaire de ma fille va prendre fin.

En mai 2016, la plainte est classée sans suite par manque de preuves. J'écris au procureur en envoyant une copie de l'expertise afin de rouvrir l'enquête. Le procureur ne fait rien, mais le juge devrait prendre en compte le document. Je garde espoir. Juillet 2016, une audience devant le juge aux affaires familiales a lieu. Le juge rappelle à l'ordre mon ex-compagnon et maintient les droits de visite et d'hébergement, ainsi que l'autorité parentale conjointe. Je fais appel. En novembre 2016, les juges confirment le jugement. Je suis anéantie par les procédures. Anéantie que ma fille ne soit pas entendue et crue. Quant à Julie, elle s'enferme dans le silence que l'on réserve aux enfants qui osent parler...

Durant les trois années suivantes, je ne m'imagine pas un instant ce que vit réellement ma fille lorsqu'elle est chez son père. J'espère sincèrement que mon ex-compagnon a mis fin à ces agissements suite aux différentes procédures. Mais en octobre 2019, je suis contactée par la police. On m'apprend que mon ex-compagnon a été placé en détention provisoire pour tentative de viol sur mineure. La police veut m'entendre. J'apprends aussi qu'il a été condamné quelques mois plus tôt dans une autre affaire pour agression sexuelle sur mineure par personne ayant autorité. Je suis sous le choc. Il avait été condamné à dix-huit mois de prison, dont six mois ferme, traduit en bracelet électronique alors qu'il avait la garde de notre fille. Pourquoi personne ne m'a prévenue ? En rentrant chez moi, j'annonce alors à ma fille que son père est en prison, car elle devait partir en vacances avec lui. Avant de lui dire, j'ai contacté une psychologue spécialisée afin de ne pas réveiller de traumatismes.

Le lendemain, au petit-déjeuner, ma fille me dit : « Maman, ça n'a jamais cessé, il me met la main dans les parties intimes. Maman, on ne m'a pas crue la première fois. Est-ce qu'on va me croire cette fois ? » Cela me déchire le cœur d'entendre ces paroles. Elle sera à nouveau entendue par la brigade des mineurs, cette fois, suivant le protocole Mélanie. Malgré ces trois victimes, le procureur ne suspend pas l'autorité parentale du père sur ma fille. En prison, mon ex-compagnon ne demande pas à voir notre fille, mais je sais que s'il sort, la dernière décision du juge aux affaires familiales faisant foi, il aura un droit de visite et d'hébergement un week-end sur deux et la moitié des vacances scolaires. Très inquiète, j'obtiens une date d'audience pour le juge aux affaires familiales en février 2020. En avril 2020, le jugement tombe et j'obtiens l'exercice exclusif de l'autorité et la suspension du droit de visite de son père au vu des nouvelles plaintes. Il est toujours en détention provisoire à ce moment-là. C'est une première victoire qui va permettre à ma fille d'être enfin protégée.

Je suis soulagée que la vérité ait éclaté, mais j'ai toujours un sentiment de culpabilité de ne pas avoir vu des signes concernant ma fille pendant cette période de 2016 à octobre 2019. Ma fille avait peur d'aller à la selle, mais je ne savais pas pourquoi. Lorsque mon ex-compagnon avait déménagé, ma fille m'avait dit qu'elle n'aimait pas sa nouvelle chambre et qu'elle ne s'y sentait pas bien.

J'avais essayé de la rassurer en disant que son père allait refaire la chambre. Il y avait aussi tous ces cauchemars, elle avait du mal à se coucher... Aujourd'hui, avec le recul, je comprends mieux.

Je me suis ruinée en frais d'avocat : j'ai déjà dépensé près de 10 000 euros, incluant l'expertise psychologique à hauteur de 450 euros que j'ai également dû payer. C'est la double peine et une violence supplémentaire. Comment les victimes peuvent-elles s'en sortir financièrement ? Je ne sais plus comment faire...

Grâce à l'association Innocence en danger, je découvre que Julie peut prétendre à un avocat payé par l'État et que je peux me porter partie civile pour le préjudice causé à ma fille. L'association m'a alors mise en lien avec une avocate bénévole très engagée, dans ma ville. À mon sens, il est important que Julie puisse avoir son propre avocat pour se faire représenter et porter sa voix au tribunal. Son avocate est également bénévole de l'association.

En septembre 2021, du haut de ses dix ans, Julie témoigne à la barre, accompagnée par son avocate. Elle évoque le calvaire que son père lui a fait subir. Elle parvient à répondre aux différentes questions du juge. Elle affronte le regard de son père présent dans le box des accusés. Elle fait preuve d'un immense courage.

Nos deux avocates ont fait un travail énorme sur le dossier. Pour moi, mon avocate maître Myriam Guedj Benayoun a joué un rôle essentiel, presque vital. Au moment où tout s'écroulait, elle a été humaine, rassurante et a joué un rôle essentiel. Les avocates ont réussi à expliquer au juge ce qu'était le syndrome post-traumatique dont Julie souffrait. Mon ex-compagnon a été condamné pour agression sexuelle, ce qui est quand même une belle victoire, un véritable soulagement que la justice nous croit. Écopant de quatre ans de prison ferme, il fera appel et la peine sera réduite à vingt-cinq mois de prison ferme et trois ans de suivi socio-judiciaire[55]. Même si la peine n'est pas à la hauteur des souffrances de Julie, au moins elle est reconnue comme victime. Je le suis également. Ce qui nous importait, c'était qu'il soit

---

55. Le suivi socio-judiciaire est une peine qui est obligatoirement prononcée pour des infractions graves, c'est-à-dire à caractère violent et/ou sexuel. Il implique le respect d'obligations destinées à prévenir la récidive. Le suivi socio-judiciaire est un suivi à l'extérieur de la prison avec des convocations devant le juge d'application des peines et le service pénitentiaire d'insertion et de probation. https://www.justice.fr/mon-suivi-justice

reconnu coupable pour que ma fille n'ait plus à voir son père. Je regrette tout de même qu'à l'époque mon ex-compagnon n'ait pas été déchu de ses droits parentaux et interdit d'entrer en contact avec nous.

Entre-temps, il sera condamné à six ans de prison ferme pour tentative de viol sur une autre mineure que sa fille par la cour d'assises en novembre 2022. Hélas, à notre grande stupéfaction, la cour ne prononcera pas de dépôt de mandat immédiat. Il ressort libre de ce procès, en attente d'incarcération pour purger sa peine. Il fera un pourvoi en cassation, concernant sa fille. Il aura tout tenté pour essayer d'être innocenté. Il ne retournera en prison que quelques mois plus tard pour effectuer sa peine. C'est un soulagement pour nous.

Huit ans de combat, huit ans pour faire entendre la parole de Julie. Face à l'inceste, vous êtes seule au monde. C'est désolant.

Il est plus que temps que les juges arrêtent de stigmatiser les mères protectrices, d'inverser les rôles, et surtout qu'ils reconnaissent leurs erreurs. C'est pour cela que j'ai décidé de déposer plainte contre l'État pour non-assistance à personne en danger. On a laissé ma fille avec le loup en toute tranquillité. La première fois où elle a libéré sa parole, ma fille n'a pas été crue. Alors que cet homme a été condamné pour agression sexuelle sur mineur, dès 2019, le procureur n'a pas suspendu son autorité parentale ni les droits de visite et d'hébergement. Une erreur lourde de conséquences pour ma fille qui a continué à subir des agressions sexuelles par son père.

Aujourd'hui, ma fille se reconstruit et vit. Elle est protégée et en sécurité, seulement à quel prix pour elle ? Elle a changé de nom de famille, car pour elle, cet homme n'est plus son père. Elle ne veut plus avoir de lien avec lui ni avec sa famille paternelle, qui a fait le choix de soutenir cet homme au détriment de Julie. Comme elle m'a dit : « Un père ne fait pas ça. Il ne touche pas les parties intimes de sa fille. » Julie a également souhaité que son père soit déchu de ses droits parentaux pour qu'il ne puisse plus intervenir dans sa vie quand il sortira de prison. Un nouveau combat a été nécessaire mais a porté ses fruits, environ dix ans après les premières révélations.

Chapitre 6

Une lumière au bout du tunnel

« Alice a quatre ans aujourd'hui. C'est la grande absente de ce procès. Je suis là en son nom. Je l'ai rencontrée à plusieurs reprises et c'est moi qui lui ai expliqué ce qui allait se passer pendant ces trois jours de procès. Alors, comment expliquer un procès d'assises à une petite fille de quatre ans ? Je lui ai demandé de choisir des Playmobil pour chacun d'entre vous. Vous, Monsieur le Président, vous aviez les cheveux longs et blonds. Vous, Monsieur l'assesseur, vous étiez le seul Playmobil chauve. Alice n'a pas voulu choisir un Playmobil pour elle, comme si elle n'existait pas. Comme si elle avait du mal à se situer dans cette histoire. Alice, voyez-vous, avait deux ans et demi au moment des faits et c'est un peu comme si elle avait décidé d'arrêter de grandir ce jour-là. Depuis les faits, Alice est une petite fille en souffrance dans les yeux de sa maman et elle est une photographie lisse dans les yeux de son papa. Eh bien, ce jour-là, quand nous avons eu fini de choisir les Playmobil, Alice m'a prise par la main et m'a emmenée vers le coin repas de mon cabinet. Elle a ouvert un placard dans lequel elle savait qu'elle trouverait un œuf Kinder. Et, à ce moment-là, Alice était juste une petite fille de quatre ans[56]. »

Plaidoirie de l'avocate d'Alice au procès d'assises de son père le 11 décembre 2019.

56. (Laura Rapp) Extrait de mon livre *Tweeter ou mourir* aux éditions Michalon.

La plaidoirie de l'avocate de ma fille, lors du procès d'assises, restera à jamais gravée dans ma mémoire. Pour la première fois depuis le début de la procédure, j'avais l'impression que l'on considérait enfin ma fille comme un être humain à part entière. Alice n'était plus un petit fantôme aux yeux de la justice. Son avocate a su remettre de l'humain là où il n'y en avait pas. Elle a su expliquer qu'un enfant témoin de la tentative de meurtre de sa mère par son père est une victime, et qu'un homme violent ne sera jamais un bon père.

Dans la nuit du 16 au 17 avril 2018, mon ex-compagnon a tenté de me tuer en m'étranglant sous les yeux de notre fille. Je suis sauvée *in extremis* par les voisins. Cette nuit, j'ai vu la mort dans les yeux de ma fille. Je n'ai plus le choix. Je dois nous sauver. Je décide de déposer plainte contre mon ex-compagnon, le père de ma fille. C'est la chose la plus difficile que j'ai eu à faire au cours de ma vie. Il est arrêté rapidement et incarcéré pour tentative de meurtre. Alice est en état de choc et traumatisée. Le temps s'arrête pour nous deux. Elle est suivie rapidement par une pédopsychiatre.

Parallèlement à la procédure pénale, je décide de saisir le juge aux affaires familiales pour obtenir l'exercice de l'autorité parentale. L'inscription à l'école, faire soigner ma fille, chaque acte administratif la concernant devient une épreuve où je dois me justifier, car mon ex-compagnon, incarcéré, a également l'exercice de l'autorité parentale.

Une audience se tient devant le juge aux affaires familiales en août 2018. Mon ex-compagnon est présent, escorté par la police. C'est violent pour moi. Le juge aux affaires familiales m'accorde l'exercice de l'autorité parentale et prévoit des visites médiatisées en cas de sortie de prison de mon ex-conjoint. Il est débouté de sa demande de visite au parloir avec ma fille. Je ne comprends pas cette justice qui anticipe des droits de visite à un homme poursuivi pour tentative de meurtre. Je sens que la protection de ma fille va être un véritable combat.

Le 14 février 2019, mon ex-compagnon est libéré en attente de son procès ; il en profite pour saisir le juge aux affaires familiales afin d'obtenir des droits sur notre fille. Dans sa requête, il ose demander l'exercice de l'autorité parentale conjointe ! Il souhaite que les droits de visite en lieu médiatisé soient limités à une période de six mois au lieu de douze comme le prévoyait le précédent jugement. Pour ensuite établir un calendrier progressif de visite pour pouvoir obtenir un droit de visite et d'hébergement classique, une fin de semaine sur deux. Je suis prise de panique : mon ex-compagnon est dehors et il demande des droits de visite sur ma fille… Et pour couronner le tout, je dois débourser 6 000 euros rapidement pour stopper la procédure. Le système judiciaire, c'est aussi ça : des procédures dans l'urgence, des sommes folles à payer.

La juge aux affaires familiales rend rapidement son verdict : je garde l'exercice de l'autorité parentale, mais elle ordonne que ma fille rencontre son père une fois par mois en visite médiatisée, malgré son état psychologique fragile et le syndrome post-traumatique sévère dont elle souffre. Je ne peux pas accepter une telle décision qui met en danger ma fille. Mon avocate me dit qu'on peut faire appel de la décision. Dans l'urgence, je dois encore débourser 6 000 euros… À ce rythme-là, je vais très vite me retrouver à la rue… J'assume seule les charges de la vie courante depuis l'incarcération de mon ex-compagnon. Je ne m'en sors pas avec les frais d'avocat. Je n'ai pas autant d'argent. C'est une pression de fou. Je refuse de payer une telle somme et ne fais pas appel. Je ne présenterai pas ma fille à cet homme. J'assumerai cette décision. Le système judiciaire participe à paupériser les femmes et à les empêcher de protéger leur enfant. Il faut savoir que ces sommes que l'on dépense au civil ne sont quasiment pas remboursées ou très peu. La demande d'indemnisation des frais de procédure que j'ai exposés se fait par le biais de l'article 700 du Code de procédure civile. Or, les juges ont tendance à n'indemniser qu'*a minima* quand bien même la demande serait légitime et justifiée[57]…

Le 14 mai 2019, face au silence de la justice concernant les infractions au contrôle judiciaire de mon ex-compagnon, je décide de lancer une bouteille à la mer sur Twitter/X pour sauver

57. L'article 700 du Code de procédure civile permet au juge de condamner la partie perdante, au profit de l'autre, à verser une indemnité destinée à couvrir l'ensemble des frais non compris dans les dépens. Cette indemnité comporte un fondement juridique et un objet distincts de ceux des dépens.

ma vie et celle de ma fille. Le tweet est rapidement relayé. Je fais la une des médias. Le 21 mai 2019, mon ex-compagnon est réincarcéré.

À l'aide[58]
Rescapée d'une tentative d'assassinat, en présence de ma fille de 2 ans, la justice me tourne le dos. Arrêté et placé en détention provisoire depuis avril 2018, mon tortionnaire a fait plusieurs demandes de mise en liberté qui ont toutes été refusées.
Mais contre toute attente, il a été libéré le jour de la Saint-Valentin.
Aucune mesure n'a été prise : bracelet électronique/interdiction de territoire. Pourquoi un homme violent, accusé de tentative de meurtre, peut-il être remis en liberté avant son procès au détriment des victimes ?
Je vis dans la terreur !
Comment cet homme peut-il saisir le juge aux affaires familiales pour oser demander une autorité conjointe et la garde de ma fille ?
Comment un juge peut-il oser dire qu'un homme violent est un bon père et m'obliger à lui présenter ma fille ?
J'ai peur, je ne veux pas renouer un contact avec ce bourreau.
Mon ex-conjoint a entravé plusieurs fois son contrôle judiciaire sans que ça gêne la juge d'instruction.
Je veux juste que ça s'arrête et avoir la paix.
La justice s'acharne sur les victimes.
Je suis traquée comme une bête sauvage. J'ai peur pour ma vie, et aussi pour celle de ma fille. Je ne sais pas si je vais mourir demain. Il y a quinze jours, j'ai croisé cet homme devant le domicile de mes parents.
Au commissariat, on m'a juste proposé de faire une main courante.
Je veux juste être entendue.
Protégez-moi ! Protéger ma fille jusqu'au procès.
Un contrôle judiciaire n'est pas suffisant !
Je suis une victime, je ne veux pas rallonger la longue liste des féminicides 2019. La justice sourde me livre en pâture à cet homme.
Aidez-moi !
Twitter est devenu mon seul recours pour être entendue.

58. @lauraetalice, « Il y a 6 ans jour pour jour, une femme nous a raconté ce que c'était de subir un viol... », X (anciennement Twitter), 2019.

Décembre 2019, mon ex-compagnon est condamné pour tentative de meurtre à huit ans de prison ferme et cinq ans de suivi socio-judiciaire qui comprend diverses obligations : indemniser les parties civiles, ne pas fréquenter les débits de boissons, s'abstenir de rentrer de quelque façon que ce soit en relation avec moi et ma fille, sauf pour l'exercice de son droit de visite tel que fixé par le juge aux affaires familiales. Il a également une injonction de soins. La cour reconnaît ma fille comme une victime puisqu'elle lui octroie des dommages et intérêts. Cependant, elle refuse de prononcer le retrait d'autorité parentale alors qu'il est condamné pour tentative de meurtre. Que faut-il déduire d'une telle décision ? L'intérêt supérieur d'un homme condamné pour tentative de meurtre passerait-il avant l'intérêt supérieur d'un enfant reconnu victime ? Comment une enfant de trois ans peut-elle faire entendre ses souffrances à un système judiciaire sourd et aveugle depuis trop longtemps face aux victimes de violences conjugales ? L'avocate générale – qui avait demandé le retrait de l'autorité parentale – et moi-même faisons appel de cette décision ubuesque.

Et c'est le 21 septembre 2020 que la cour d'appel de Versailles prononce le retrait d'autorité parentale de mon ex-compagnon. Cette décision, rarissime à l'époque, marque un tournant dans nos vies. Ma fille est enfin protégée par la justice. Je pense pouvoir commencer une nouvelle vie avec elle, loin des procédures judiciaires et sans l'ombre de mon ex-compagnon. Hélas, je suis loin de me douter de ce qui allait suivre...

En mai 2021, mon avocate me contacte pour me dire qu'elle a reçu une lettre en recommandé de la mère de mon ex-compagnon. Celle-ci demande des droits de visite et d'hébergement sur ma fille. Si je ne lui réponds pas d'ici à quinze jours, elle m'assignera en justice. C'est un coup de massue. Je ne souhaite pas lui répondre, mais je sens le piège se refermer sur nous. Quelques semaines plus tard, elle m'assigne devant le tribunal. Cette femme est dans le déni le plus total. Je n'ai aucune confiance en elle, ce serait de la folie de lui laisser ma fille dans de telles circonstances. Derrière cette procédure se cache mon ex-compagnon qui fera tout pour garder une emprise sur moi. Je comprends alors que rien ne nous sera épargné.

L'article 371-4 du Code civil[59] – article peu connu du grand public – permet à la grand-mère paternelle d'Alice de m'assigner en justice pour me demander des droits de visite et d'hébergement, ce qui permet à mon ex-compagnon, homme violent, de garder le contrôle sur moi et sa fille dont il n'a plus la garde. Pour cette femme, la coupable c'est moi, et pas l'inverse. À travers l'enfant, on atteint la mère. Dans l'instrumentalisation de la justice, je perçois un acte de vengeance envers moi.

Parallèlement à cette procédure judiciaire, mon ex-compagnon fait une demande d'aménagement de peine. Encore une fois, je suis sous le choc. Il a fait à peine trois ans de prison. Cette demande est refusée, mais il en redépose une autre quelques mois après. Je sens que celle-ci sera acceptée. Malgré ma domiciliation chez mon avocate, mon ex-compagnon a retrouvé ma nouvelle adresse personnelle. Il souhaite s'installer non loin de chez sa mère. Le sablier se met en route. Je ne veux prendre aucun risque pour ma fille, alors je prends la décision de déménager une seconde fois et de partir loin.

Le 8 mars 2023, mon ex-compagnon est libéré sous le régime de la semi-liberté[60]. Je le vis très mal. Je décide de ne rien dire à ma fille pour la préserver. Elle fait beaucoup de progrès au niveau de son langage et elle dort mieux. Elle fait de l'équitation, ce qui lui fait beaucoup de bien. Néanmoins, elle reste fragile. Je ne veux pas lui infliger une nouvelle souffrance. Je suis inquiète : il est dehors et il pourrait obtenir un droit de visite. Mais un rebondissement me permet de rester confiante et de croire en une justice protectrice : le procureur s'oppose fermement au droit de visite de la grand-mère, estimant que cela serait néfaste pour Alice. Mai 2023, mon avocat m'annonce que la mère de mon ex-compagnon est déboutée de toutes ses demandes.

« Maman, pourquoi je ne porte pas le même nom de famille que toi ? » Comment expliquer à une petite fille de quatre ans

---

59. Article 371-4 du Code civil : les pères et mères ne peuvent, sauf motifs graves, faire obstacle aux relations personnelles de l'enfant avec ses grands-parents. À défaut d'accord entre les parties, les modalités de ces relations sont réglées par le tribunal.

60. Le régime de semi-liberté est une mesure d'aménagement de peine sous écrou (modalité d'exécution de tout ou partie de la peine d'emprisonnement à laquelle la personne concernée a été condamnée) au cours de laquelle la personne est astreinte à rejoindre l'établissement pénitentiaire une fois que l'activité ayant justifié ce régime est terminée. L'intéressé demeure dans l'établissement pendant les jours où cette activité est interrompue. www.citoyens-justice.fr

et demi qu'elle porte le nom de famille de son père qui s'est rendu coupable du pire ? Un père dont elle ne veut même pas entendre parler. N'est-ce pas aussi une atteinte à son intégrité ? Je me rends compte à travers notre vécu à quel point un nom de famille, c'est une histoire et que cela fait partie de nous. J'élève ma fille seule depuis que son père a essayé de me tuer et mes parents occupent une place importante dans sa vie. Il serait d'autant plus légitime que ma fille puisse porter mon nom de famille. D'autant que je crains que cela ne devienne un poids pour elle plus tard. En juin 2021, malgré mon épuisement, je me lance dans une nouvelle bataille judiciaire : celui de faire changer le nom de famille de ma fille. Cette démarche s'effectue auprès du ministère de la Justice. C'est une longue procédure, et tout aussi traumatisante que les autres étant donné que je dois encore justifier de mon histoire. Mais j'ai confiance, la société évolue sur ce sujet, les politiciens aussi.

À l'automne 2022, mon téléphone sonne : la demande de changement de nom de famille de ma fille est acceptée. Je n'arrive pas à y croire. Les larmes me montent aux yeux et coulent sur mes joues. Cette annonce illumine ma journée. Alice sourit lorsque je lui apprends. Elle est contente. C'est un véritable moment de bonheur. Elle n'aura pas à vivre son enfance et son adolescence avec ce fardeau. Avec cette décision, l'État reconnaît le statut de victime d'Alice, mais permet aussi à une nouvelle vie de se dessiner et de laisser derrière un passé violent. Cette nouvelle me met du baume au cœur et me montre encore une fois qu'il ne faut jamais abandonner lorsqu'il s'agit d'un enfant.

Et il n'y a pas que les factures des avocats à payer, mais également les frais médicaux qui sont très coûteux. Ma fille a pu bénéficier très rapidement d'un suivi pédopsychiatrique, ce qui l'a beaucoup aidée. Le prix de la séance est de l'ordre de 150 euros en région parisienne. Si votre enfant doit y aller toutes les semaines, je vous laisse faire le calcul… Sans compter les frais de transport pour se rendre chez les médecins… Ensuite, il y a les séances avec la victimologue de l'ordre de 90 euros. Cette dernière va s'intéresser aux réactions psychiques de ma fille en lien avec l'expérience douloureuse qu'elle a vécue. Toute évocation de son père au présent produit une activation émotionnelle majeure chez elle. Ma fille avait notamment peur des portes. Le soir, elle me demandait de les fermer, car elle était terrorisée à l'idée que son père arrive. C'était comme un rituel. La victimologue a travaillé avec elle sur ses peurs, en les enfermant dans une boîte au congélateur. Le résultat est spectaculaire, en quelques mois, Alice me demande de moins en moins de fermer les portes, puis cela a finalement cessé. La victimologue a permis de faire diminuer l'impact psychologique des faits sur ma fille. Aider et soigner une victime a un coût, mais c'est indispensable pour améliorer sa qualité de vie.

Plus de six ans après cette nuit d'horreur, la route judiciaire pour protéger ma fille a été longue et jalonnée d'embûches, cependant je pense pouvoir vous dire, avec le recul, que le meilleur choix était de croire en la justice. Même si par moments le mot « injustice » a pris le dessus, j'ai eu raison d'y croire. Notre système judiciaire est clairement favorable aux agresseurs et l'enfant est bien trop souvent instrumentalisé à travers les procédures judiciaires par ces hommes violents pour atteindre la mère. C'est un chemin de croix que j'ai dû accomplir pour faire respecter les droits de ma fille. Alice avait le droit d'être protégée tout autant que moi. Il est temps que la justice ouvre les yeux sur ces oubliés de la République, de considérer les enfants témoins comme victimes. Il faut que les magistrats comprennent que dans certains cas, comme celui de ma fille, il n'est plus dans l'intérêt de l'enfant de garder un lien avec le parent agresseur. Je me suis jetée à corps perdu dans ce parcours du combattant : les multiples et longues procédures judiciaires, les frais d'avocat astronomiques, les hommes déterminés à ne pas nous laisser tranquilles. Je me suis battue, sans jamais perdre espoir, je l'ai fait pour ma fille.

La mise en place précoce des soins pour Alice a permis une mise à distance de l'activité traumatique. Et le fait de ne plus avoir aucun contact avec son père depuis la nuit des faits a permis une meilleure efficacité des soins médicaux qui étaient vitaux pour elle. Je ne remercierai jamais assez les médecins qui l'ont prise en charge. C'est en partie grâce à eux si elle va mieux aujourd'hui. En plus de soigner nos plaies, ils nous ont aidées à survivre pendant les procédures judiciaires. Il est bien question de survie tant le système est violent pour les victimes et, par ricochet, pour l'entourage qui les accompagne. Six ans après les faits, je commence enfin à revivre.

Alice a pu se reconstruire sereinement à son rythme. Elle n'a plus jamais réclamé son père depuis cette nuit d'horreur d'avril 2018. Comme elle l'a dit à son pédopsychiatre, il fallait que son père soit loin d'elle... J'ai tout fait pour préserver ma fille des dysfonctionnements afin de ne pas lui rajouter un traumatisme supplémentaire. Elle sait qu'elle a toujours une fée (un avocat) qui veille à la protéger de son père. Elle sait que la justice l'a protégée. Elle a confiance dans les policiers et les gendarmes. D'ailleurs, il n'y a pas si longtemps, dans un de ses livres, il y avait le mot « magistrat ». Elle s'est arrêtée dessus et a souri. Pour elle, un procureur, « ça protège les enfants ». J'avais les larmes aux yeux lorsqu'elle m'a dit cela. En plus d'avoir retrouvé confiance dans le monde des adultes, elle a confiance dans les juges. C'est beau.

Et il y a aussi cette gendarme, touchée par notre histoire, qui a offert à ma fille une petite statuette en forme d'ange, qui est actuellement toujours sur son bureau. C'est un geste symbolique fort pour ma fille et qui n'a fait que renforcer le lien de confiance qu'elle peut avoir dans les professionnels qui sont censés nous protéger. Cette statuette lui a bien porté chance...

Il est vrai que faire respecter les droits d'un enfant victime est très difficile, mais il faut surtout ne pas abandonner. N'oubliez jamais qu'il y a toujours une lumière au bout du tunnel. Aujourd'hui, ma fille rayonne de bonheur. Elle s'épanouit dans le sport et le théâtre qui sont des vecteurs de reconstruction formidables. Le théâtre lui permet de s'exprimer et de libérer ses émotions. J'ai vu à quel point cela l'a aidée pour son langage et sa confiance en soi.

Alice a des rêves. Rêver est important pour un enfant. Elle adore cuisiner et rêve de faire un cours de cuisine avec Cyril Lignac. Elle rêve aussi d'écrire un livre pour les enfants avec de beaux dessins. Elle n'arrête pas de me demander : « Quand est-ce que je peux écrire mon livre pour les enfants ? Avec toi maman. » Peut-être qu'un jour ma fille écrira elle-même sa propre histoire...

Chapitre 7

Protection à l'enfance : complice des agresseurs ?

Je m'appelle Charles[61], j'ai dix-sept ans. Il y a quelques années, alors que mon petit frère a cinq ans, il m'apprend que notre père lui a imposé des actes incestueux. J'ai voulu faire confiance aux adultes en rapportant ses propos. Nos vies, ainsi que celle de ma mère, ont totalement basculé ce jour-là. Le système judiciaire s'est enclenché et, aujourd'hui, je n'ai qu'une envie, c'est que cela s'arrête.

Dans quelques mois, je serai enfin majeur, ce qui marquera ma libération, la fin de mon rapport avec le système judiciaire et la protection de l'enfance. Je suis en revanche inquiet pour mon petit frère, je crains qu'il soit broyé par ce système et placé dans un foyer. Et j'ai peur pour ma mère, celle qui fait tout pour nous protéger.

Avec mon père, j'avais plutôt une relation « amicale ». On allait à la fête foraine, on jouait aux jeux vidéo. Nous vivions des moments heureux. Mais il ne s'agissait pas d'une relation père-fils. Finalement, je garde peu de souvenirs positifs avec lui car, dès que ma mère lui a annoncé qu'elle souhaitait se séparer, les moments négatifs ont pris le dessus. Je me souviens donc surtout des scènes de colère... De ses cris, sa violence. J'avais peur. Mon père ne semblait pas vouloir me préserver des violences, mais plutôt me les mettre en pleine face, que j'en prenne conscience. Je pense qu'il voulait que je prenne position pour lui. Au fil du temps, mon rôle d'enfant a changé, je voulais devenir

61. Prénom modifié.

le protecteur. Je voulais protéger mon petit frère et ma mère en m'interposant face à mon père.

À mes yeux, mon père est comme un grand garçon qui n'a jamais grandi et qui garde ses souffrances en lui. Il n'a pas eu une enfance facile, ayant toujours été dénigré par ses parents. Il s'est mis très jeune à consommer de la drogue. Je pense que ces souffrances sont une des causes de sa violence et de sa prise de stupéfiants.

Pour moi, il n'était pas une figure d'autorité paternelle dans le sens où il n'incarnait pas son rôle de père au niveau de mon éducation. C'est ma mère qui s'occupait de moi et qui faisait quasiment tout pour nous. Et depuis tout petit, je me suis toujours tourné vers ma mère lorsque j'avais besoin de quelque chose. J'ai toujours respecté ma mère, je n'ai jamais élevé la voix. Ce qui est tout l'inverse avec mon père. Face à sa violence, je répondais par la violence. Il m'est même arrivé de brandir un couteau face à lui quand il s'en prenait à ma mère. J'avais à peine treize ans. Je ne pensais pas aux conséquences. Je prenais tous les risques pour protéger ma mère. J'avais peur pour sa vie, pour la mienne et pour celle de mon frère.

En 2017, ma mère souhaite se séparer de mon père. Elle lui laisse le temps de trouver un logement sans le mettre dehors. Lui ne voulait pas partir. Il n'acceptait pas la rupture. Chaque jour, il lui faisait subir beaucoup de violences psychologiques.

Un jour, en revenant des courses avec ma mère, nous entrons dans la chambre où mon petit frère était censé dormir. Louis[62] vient de se lever et mon père est en train d'ouvrir le store. Ma mère refait le lit où ils ont dormi et elle découvre des mouchoirs avec du sperme. Elle demande des comptes à mon père qui lui dit qu'il s'est juste masturbé... Une dispute éclate. Nous étions tous les quatre dans la chambre à ce moment-là. Tout ce qu'il lui répond, c'est : « C'est de ta faute si j'ai fait ça, parce que tu ne me donnes pas ce que je veux ! » À partir de ce moment-là, ma mère ne nous a plus jamais laissés seuls avec lui. Ce n'est que quatre mois plus tard qu'une violente dispute éclate de nouveau,

62. Prénom modifié.

et là, ma mère lui demande de quitter la maison. Ma mère lui ordonne de quitter l'appartement. La violence monte d'un cran. Et mon père menace de mort ma mère. Il casse tout dans la maison. J'essaie d'appeler la police, mais il m'en empêche. Je réussis à m'isoler dans une pièce et je contacte un membre de ma famille pour qu'il vienne nous aider. Ce soir-là, mon père a été mis dehors par notre famille.

Lorsqu'il quitte le domicile, c'est un véritable soulagement pour moi. C'est un changement de vie radical. Au départ, on voit notre père de temps en temps dans un lieu public comme un parc ou un centre commercial. Ma mère n'a plus confiance en lui et, surtout, elle a peur. Le fait de se voir dans un lieu où il y a du monde nous permet d'être en sécurité. Ces moments ne sont pas très sympathiques, mais c'est supportable. Puis, du jour au lendemain, et durant quatre mois et demi, nous n'avons aucune nouvelle de sa part.

À ses trois mois, mon frère a eu de gros problèmes de santé, ma mère a cessé de travailler pour s'occuper pleinement de lui. Avec le départ de mon père, elle s'est paupérisée rapidement.

Elle décide donc de saisir le juge aux affaires familiales pour demander une pension alimentaire, qu'elle obtiendra. Mais lors de l'audience, mon père réclame un droit de visite médiatisée. Il nous sera donc imposé des visites en lieu neutre, de deux heures, par semaine, le vendredi soir. Ma mère demande un rendez-vous avec la directrice adjointe de l'association mandatée par le juge aux affaires familiales pour savoir comment les visites allaient se dérouler. Elle était inquiète pour nous. J'ai le souvenir d'un rendez-vous marquant avec une femme imposante, par son physique et sa façon de se tenir. Je ne la trouvais pas bienveillante ni accueillante. Elle remettait en cause l'éducation que ma mère nous donnait. Je n'ai pas apprécié. Elle nous a fait comprendre qu'après les six mois de visites en lieu neutre, la juge tranchera pour que mon père retrouve un droit de garde classique. Elle a été jusqu'à dire à ma mère : « Vous êtes l'unique responsable du père que vous avez donné à votre enfant. » C'était violent. Cela me faisait peur. Je craignais qu'une fois tout ça fini, je doive aller dormir chez mon père, mais je ne voulais pas laisser mon petit frère tout seul avec lui. Suite à ce rendez-vous, lors des visites en lieu neutre, j'ai directement été séparé de mon petit frère pour ne pas entacher sa relation avec notre père, selon elle. Nous voyions notre père chacun notre tour. C'était difficile à vivre.

Ma première rencontre avec ce que l'on appelle des travailleurs sociaux ne se passe pas très bien. L'intervenante de l'association (UDAF[63]) chargée des visites médiatisées me présente des locaux peu accueillants et insalubres. Je remarque que les jouets sont vieux... Je me souviens d'une salle avec un renfoncement, c'était comme calfeutré dans une salle d'attente. Cette mise en place était très particulière et peu rassurante.

Pour le premier rendez-vous avec mon père, j'avais demandé à l'intervenante d'être présente pour être rassuré. Le rendez-vous dure cinq minutes, il se passe mal. J'insulte mon père car je lui en veux de tout ce qu'il a fait subir à ma mère et à nous. Je hurle et demande à sortir de la pièce.

Durant ces rendez-vous, mon père me disait souvent que « j'étais une tapette, une couille molle », que j'allais « finir pédé » ou encore « viens me frapper »... Tout ça parce que j'avais pris le parti de ma mère. Il était très provocateur. Il dénigrait sans cesse ma mère. Ces propos étaient très violents. L'intervenante ne disait rien. Elle était passive. Elle regardait à droite et à gauche. Je ne comprenais pas son attitude. Par la suite, la durée des visites a été réduite tant cela m'était insupportable d'être avec lui. Puis je ne voulais plus parler lors de ces visites.

Je me souviens particulièrement d'une visite où j'ai souhaité aborder l'épisode de la masturbation de mon père devant mon petit frère qui m'avait profondément choqué. Mon père ne comprenait pas pourquoi j'étais en colère. Il me maintenait qu'il n'avait rien fait avec mon petit frère. J'avais demandé à l'intervenante : si c'était son mari qui commettait de tels actes, qu'aurait-elle fait ? Encore une fois, je n'ai obtenu aucune réponse de sa part.

Il y a cette autre visite durant laquelle mon père s'est mis à parler de mon grand-père maternel qui est mort lorsque ma mère était toute petite. C'est un sujet très sensible pour ma mère. Il le sait et c'est pour ça qu'il n'arrête pas de dire des méchancetés sur lui. Je

63. Union départementale des associations familiales.

ne le supporte pas. Il se permet de le critiquer alors qu'il ne l'a jamais connu. Je n'avais pas envie de parler avec lui ce soir-là. Il m'avait atteint et je pleurais. J'ai demandé à l'intervenante de sortir de la salle, cependant celle-ci s'est mise devant la porte et m'a empêché de sortir. Je me suis rabattu vers une autre porte qui était fermée à clé. L'intervenante me dit qu'elle ne me laissera pas sortir de la salle, car il faut rester jusqu'à la fin. Je ne pense qu'à sortir de cette pièce. C'est encore plus douloureux. Mon père continue à parler, mais je n'écoute plus ce qu'il dit. Lorsqu'elle se décide enfin à ouvrir la porte, je me mets à courir dans les escaliers et je m'échappe dans la rue. Je n'oublierai jamais cette scène, c'est un vrai traumatisme pour moi... D'autant plus qu'aucun intervenant ne s'est soucié de savoir où j'étais parti, laissant ma mère seule pour me retrouver.

J'ai enduré un véritable calvaire pendant ces six mois de visites. Cette expérience a terni ma vie et mon quotidien, mais aussi mon rapport à moi-même et mes relations avec les autres. J'ai eu l'impression de devenir plus violent verbalement, que ma colère devenait plus noire, plus sombre. Mon état psychologique se dégradait au fur et à mesure et ma relation avec mon père ne s'améliorait pas.

En revanche, avec mon petit frère, mon père avait une tout autre attitude. Il le couvrait de cadeaux. Il lui apportait des Kinder surprises, des gâteaux. Il avait le droit à deux sacs entiers de cadeaux pour Noël et moi, je n'avais rien. Ce qui m'allait très bien car je ne souhaitais rien recevoir de lui, mais ce qui montrait bien son état d'esprit. D'ailleurs, mon petit frère ne comprenait pas la différence de traitement qu'il faisait entre nous.

À la fin de la mesure ordonnée par le juge, l'association en charge des rencontres propose un accord à l'amiable à mes parents pour reconduire de trois mois les visites en lieu neutre, le temps que mon père ressaisisse le juge aux affaires familiales... « Afin de ne pas couper les liens », disaient-ils. Ma mère n'a pas eu d'autre choix que d'accepter. Lors des derniers mois du protocole mis en place par l'UDAF, les intervenants imposeront des visites à l'extérieur à mon petit frère avec mon père sans le consentement du juge. Ma mère a essayé de dire que ce n'était pas normal, mais ils lui ont demandé de rester à sa place et affirmé qu'ils étaient là pour se substituer au juge.

Louis sortait avec notre père pendant plusieurs heures au parc ou à son domicile. Selon les propos de mon père, sa relation avec mon frère était soi-disant indescriptible et personne ne pouvait l'accepter et la comprendre. Le 5 juin 2021, les visites prennent fin sans que mon père ait ressaisi le juge aux affaires familiales, et le 8 juin 2021, mon frère fait des révélations à notre mère sur des violences sexuelles...

L'état de Louis avait beaucoup changé depuis plusieurs mois : de nombreuses crises, des pleurs interminables, des phrases bizarres et incohérentes à connotation sexuelle... Ce jour-là, on comprend... Ma mère dépose plainte au commissariat pour exhibition. Quelques mois après, mon frère me révélera que notre père frottait son zizi devant lui lors de ces sorties... Je suis choqué et j'en parle tout de suite à ma mère. Celle-ci retourne au commissariat où elle fait un complément de plainte pour viol. Un an plus tard, les plaintes seront classées sans suite, faute de preuves suffisantes pour caractériser l'infraction. En décembre 2022, déterminée, ma mère dépose plainte avec constitution de partie civile. Elle n'a qu'un seul objectif : nous protéger.

J'estime que c'est à cause de la mise en place de ces sorties libres que mon père a pu faire du mal à mon petit frère. Nous étions pendant la période de la Covid. Les intervenants n'étaient pas assez nombreux, il fallait limiter le brassage de monde à l'intérieur des locaux. Mon petit frère a payé le prix d'un système dysfonctionnel.

Une nouvelle audience devant le juge aux affaires familiales se tiendra par la suite. Cette fois, une nouvelle association est mandatée par le juge avec une psychologue pour médiatrice. Déjà, le cadre est beaucoup plus chaleureux, plus accueillant, plus lumineux. Je suis rassuré en rencontrant la psychologue. Elle est douce et bienveillante. À mon frère et moi, elle nous laisse le choix. Nous pouvons entrer dans la salle pour voir notre père ou pas, lui faire la bise ou pas, lui parler selon le moyen souhaité (dessin, lettre, etc.). Le cadre est posé pour nous comme pour lui. Cela m'a mis en confiance.

En revanche, avec mon père, ça continue à mal se passer. Il est toujours aussi violent verbalement avec moi. Lors d'une visite, je n'arrive pas à me retenir et je lui crache en plein visage ce que je ressens par rapport aux faits d'inceste qu'il a commis sur mon petit frère. Il se met à crier. Il a dû être surpris car la psychologue n'a pas pris son parti et cela l'a énervé. Il s'en prend à la psychologue en lui parlant mal. Je ne le supporte pas et je prends sa défense. Professionnelle, elle a su me remettre à ma place et calmer mon père. Après cet épisode difficile, elle a pris du temps avec moi pour débriefer. C'est un détail, mais personne n'a fait ça avant pour moi. Elle me suggère d'écrire une lettre à mon père, ce que je fais pour la visite suivante. Ce dernier a refusé de la lire, alors elle me l'a rendue. Et même après cela, elle a pris du temps pour me parler. Après seulement deux visites, elle mettra un terme aux visites, disant que c'était trop dangereux psychologiquement pour nous d'être en présence de notre père. Louis, lui, n'a jamais voulu le voir, elle a respecté son choix.

En avril 2023, ma mère saisit le juge des enfants pour lui faire part de ses peurs. Elle espère trouver du soutien mais au lieu de ça une enquête est réalisée chez nous par une assistante sociale et une éducatrice, suite au rapport de celles-ci qui préconisent une aide éducative pour ma mère, la juge des enfants mettra en place une AEMO, car elle avait médiatisé l'histoire de mon frère. C'est très différent des visites médiatisées. Le rôle des éducateurs est de s'assurer du suivi psychologique des enfants. Les éducateurs font beaucoup de reproches à ma mère devant mon frère et moi. Tout est épluché, observé à la loupe, dans les moindres détails. Selon eux, elle nous met en danger en travaillant de nuit pendant que je garde Louis (j'ai quand même dix-sept ans). Ils critiquent le lien que j'ai avec elle, disant que nous « faisons couple ». Tout ça est très violent par moments.

Une fois par mois, des éducateurs viennent à la maison ; ou parfois, nous allons les voir dans leur bureau ou lors de sorties. Je discute avec eux de tout et de rien. Certaines discussions sont très construites et intéressantes : on a parlé de mes études, de mes perspectives personnelles ou encore de sujets d'actualité. Leur objectif, c'était surtout de me préparer à ma majorité puisqu'après mes dix-huit ans, je n'aurai plus d'éducateurs, mais en avais-je vraiment besoin ? Il y a des moments où ça se passe bien. Ce que je n'apprécie pas, c'est cette impression d'être épié avec des questionnements intrusifs à propos de ma mère. Une des deux éducatrices me demande souvent ce que je pense du côté surprotecteur de ma mère. On me reprochait également de trop m'occuper de mon petit frère et de ma mère. Je ne comprenais pas vraiment pourquoi les éducateurs tenaient de tels propos.

Je sais aussi que ma mère s'est endettée pour couvrir les frais de justice. Elle a dépensé presque 50 000 euros de frais d'avocat en trois ans. En plus de son travail, elle est obligée de trouver des petits boulots à côté. Au départ, je n'avais pas conscience du coût de ces procédures, jusqu'à ce qu'une avocate demande à ma mère 850 euros juste pour le temps d'attente au bureau aux affaires familiales[64]. À ces frais juridiques s'ajoutent les séances chez la psychologue, 95 euros...

L'année 2024 a été la fin de l'AEMO et donc du juge des enfants. C'était un soulagement pour moi. Je me sens comme « divisé » lorsque je pense à ma jeunesse, que je n'ai pas vraiment eue, et à mon avenir. Je m'attache au Charles du futur pour flouter le Charles du passé. J'aimerais retrouver mon insouciance d'enfant, et surtout oublier toutes ces souffrances. Il m'est difficile d'évoluer avec ce passé violent. La prise en charge par la protection de l'enfance m'a laissé une trace indélébile, je n'en garde pas que des souvenirs positifs. La violence du système – les audiences chaque année, les appels des avocats, les visites – a impacté mon quotidien et ma santé. Depuis, je me fais accompagner par une psychologue avec qui ça se passe bien. Grâce à des séances d'EMDR, j'arrive à mieux comprendre les douleurs corporelles que j'avais. Cela s'apaise.

Je ressens toujours de la haine contre mon père comme si elle faisait partie intégrante de moi. Aujourd'hui, j'aimerais qu'il reconnaisse ce qu'il a fait subir à mon petit frère pour qu'il puisse se reconstruire sereinement. Je voudrais que mon père demande pardon à ma mère pour tout ce qu'il lui a fait subir. Les mots peuvent apaiser. J'aimerais pouvoir lui dire : je te pardonne. Cela me permettrait de me vider de toute ma souffrance et d'aller mieux.

---

64. À savoir que tout le monde est convoqué le matin à 9 heures, mais on peut passer n'importe quand dans la journée.

Pendant un moment, je songeais à changer mon nom de famille car je porte le nom de mon père, comme si mon père et sa violence avaient eu un impact sur mon identité. Mais aujourd'hui, j'ai conscience que j'ai une identité à part entière. Je ne suis pas certain que de changer de nom va m'apporter quelque chose. Ce qui me pèse encore beaucoup, c'est de ressembler physiquement à mon père, je mets tout en œuvre pour être à l'opposé de lui. Je fais un travail sur moi pour intégrer que ce n'est pas mon nom de famille qui détermine qui je suis... Changer de nom de famille serait comme enterrer le Charles que je suis et je ne suis pas encore prêt à le faire. J'attendrai certainement les dix-huit ans de mon frère pour qu'on puisse le faire ensemble, afin de tourner une page de notre vie.

Chapitre 8

Un nom de famille : une identité

« Est-ce que tu m'as adoptée maman ? Ta famille maman ne m'aime pas ? » Ce sont les questions qu'Enora m'a posées lorsqu'elle avait six ans. Ces questions m'ont bouleversée. Entendre la souffrance de ma fille de ne pas pouvoir porter mon nom de famille a fait naître un combat.

Je m'appelle Marine Gatineau-Dupré. J'ai quarante ans. Je suis conseillère municipale en charge des violences faites aux femmes et de la protection de l'enfance à Palavas-les-Flots. La protection des femmes victimes de violences conjugales et des enfants maltraités me tient particulièrement à cœur. Je vais vous raconter comment mon combat personnel pour que mes enfants puissent porter aussi mon nom de famille est devenu un combat collectif pour l'égalité, mais surtout un combat pour les enfants maltraités.

J'ai eu deux enfants de deux pères différents. Aucun de mes enfants ne porte mon nom de famille. Et comme chaque mère dans ma situation – autrement dit séparée des pères de mes enfants – j'ai souvent dû me justifier devant eux. Par exemple, lorsque je prenais l'avion avec eux, je devais prouver auprès de la compagnie aérienne que j'étais bien leur mère… J'avais l'impression d'être une kidnappeuse d'enfant. Ou encore à l'école, aux urgences : « C'est bien vous la mère du petit Marc[65] » ? Toutes ces situations ont affecté mes enfants, ils pleuraient et ils étaient dans l'incompréhension. C'est une forme de violence et de traumatisme.

65. Prénom modifié.

En 2019, afin d'exister administrativement, je demande à ajouter mon nom de famille à celui de mes enfants en nom d'usage (nom d'utilisation). Le consentement des pères est obligatoire : le père de ma fille accepte, mais celui de mon fils refuse. Pourtant ce n'est qu'une simple formalité administrative : un nom d'usage apparaît sur la pièce d'identité et cela ne change en rien le nom de famille. Avec le refus du père de mon fils, je n'ai pas d'autre choix que de saisir le juge des tutelles pour demander le changement de nom de famille de mes deux enfants afin qu'ils portent officiellement les deux noms : celui du père en premier et le mien en deuxième. C'est la douche froide : les deux pères refusent, et le juge, sans leur accord, ne peut rien faire puisque l'autorité parentale est conjointe. Nous ne sommes pas dans une situation de maltraitance ou de violence, mais cela a un impact sur notre quotidien, c'est une violence administrative. Je ne me laisse pas abattre, je veux que cela change, c'est une question d'égalité, je ne veux plus être invisibilisée. D'autant plus que je n'ai pas eu le choix du nom à la naissance pour mon fils ni des prénoms : c'est le père qui a tout choisi, sans qu'aucune vérification ne soit faite auprès de moi.

Je me dis que je ne dois pas être la seule maman célibataire à rencontrer ces problèmes. Je décide de créer un questionnaire que je mets en ligne pendant une semaine sur les réseaux sociaux, et j'obtiens 2 154 réponses. Je ne m'attendais pas à une telle déferlante de témoignages. En plus des témoignages de mères célibataires, je découvre avec stupeur un grand nombre de récits qui mentionnent des faits de maltraitance dans l'enfance (inceste, violences physiques, violences conjugales) et aussi l'abandon d'un des parents. Je me rends compte qu'invisibiliser le nom de famille de la mère, c'est invisibiliser les enfants maltraités. En quelque sorte, on leur impose de porter le nom de leur agresseur tout au long de leur vie. Je crée alors le collectif « Porte mon nom » en 2019, dans le but d'atteindre le haut sommet de l'État et de porter la voix de tous les enfants. Cela me permettra de lancer une pétition « Je t'ai porté, porte mon nom aussi ! » qui recueillera plus de 35 000 signatures.

À la lecture des nombreux témoignages, je remarque qu'il y a autant d'hommes que de femmes qui ne supportent pas de porter le nom de famille de leur père maltraitant. Pour la plupart d'entre eux, ils ont été témoins des violences conjugales que leur père exerçait sur leur mère. Certains hommes me confient qu'il est nécessaire pour eux de changer leur nom de famille, afin de pouvoir créer une véritable rupture avec leur père et de ne pas reproduire les violences dont ils ont été témoins ou victimes. D'autres expliquent qu'ils refusent d'avoir des enfants pour ne pas leur transmettre le nom d'un père violent. Dès le plus jeune âge, on met dans la tête des petits garçons que le nom de famille du père a plus d'importance que celui de la mère et qu'il permet de transmettre la filiation. Mais au regard de ces témoignages, on se rend compte que cela a un poids considérable pour les jeunes garçons et adultes, notamment dans le cas de violences.

Étant conseillère municipale, je suis allée voir, en avril 2021, le maire de Palavas-les-Flots, Christian Jeanjean, pour lui présenter mon projet de faire changer la loi. Celui-ci me met en contact avec le député Patrick Vignal à qui j'explique les souffrances de milliers de personnes de porter le nom de famille de leur bourreau. Il m'aidera à porter le texte de loi à l'Assemblée nationale.

En novembre 2021, je découvre une vidéo qui circule sur l'histoire de Laura Rapp, victime d'une tentative de meurtre, qui exprime sa colère devant des politiques face aux injustices qu'elle subit avec sa fille : « Ma fille porte le nom d'un criminel… » Je suis bouleversée et je me sers de cet extrait pour la rédaction de l'article 3 : dès lors qu'une juridiction prononce un retrait d'autorité parentale, les juges pourront aussi se prononcer sur un changement de nom de famille dans l'intérêt de l'enfant. Le fait de changer de nom de famille, c'est un peu comme se fabriquer une nouvelle identité, une nouvelle histoire, sa propre histoire. Ce changement est pour eux la dernière lumière au bout du tunnel. Les témoignages qui suivent sont évocateurs de la libération d'avoir le choix de son nom de famille, notamment quand on a grandi dans une famille maltraitante.

Je passe par de nombreux médias pour alerter les pouvoirs publics sur ce sujet. En décembre 2021, je réalise une interview pour Brut[66] qui fera des millions de vues et qui permettra à ce

---

66. « Transmission du nom de la mère à l'enfant : Marine veut changer la loi », Brut, 17 juillet 2024.

projet de prendre un véritable tournant : cette vidéo arrive jusqu'à Éric Dupont-Moretti, ministre de la Justice. Il me contacte directement pour me dire qu'il est intéressé pour travailler sur cette problématique qu'il comprenait et qu'il allait porter cette loi au plus vite. Je l'ai senti très à l'écoute.

Il faut savoir qu'en 2002, la France avait déjà engagé une profonde réforme du nom de famille. La loi n° 2002-304 du 4 mars 2002 relative au nom de famille va mettre fin à la suprématie du patronyme qui révèle une vision de notre société dominée par la figure patriarcale. Cette loi va bouleverser les codes : elle transcrit un changement de société. Cette loi va permettre de donner les deux noms à la naissance, ainsi les parents peuvent choisir le nom qu'ils veulent transmettre à leur enfant, soit le nom du père, soit celui de la mère, soit leurs deux noms accolés dans l'ordre choisi par eux, sans possibilité de le changer ultérieurement ou bien par le biais d'une procédure longue et compliquée. Son entrée en vigueur est le 1er janvier 2005. Néanmoins, le principe de la transmission automatique du nom du père est resté intact sauf si les parents expriment le souhait contraire. Il n'est pas possible de changer de nom de famille au cours de sa vie, excepté pour motif légitime. C'est une procédure longue et incertaine qui s'effectue auprès du garde des Sceaux, ce qui exclut bien souvent les orphelins de féminicides et ceux victimes d'inceste. C'était une véritable injustice.

Je serai auditionnée par la Chancellerie, l'Assemblée nationale et le Sénat. Nous collaborons tous ensemble avec le cabinet du ministre de la Justice et le député Patrick Vignal pour rédiger une nouvelle loi constitutionnelle sur le nom de famille qui sera déposée le 27 décembre 2021. Pour la rédaction de cette loi, il a fallu modifier la loi du 6 fructidor an II (23 août 1794) qui stipule que tout citoyen ou citoyenne ne peut porter un autre nom que celui qui figure sur son acte de naissance.

Le gouvernement soutiendra cette loi et engagera une procédure accélérée. La loi relative au choix du nom issu de la filiation sera votée en février 2022 et entre en application le 1er juillet de la même année. Une circulaire de présentation des dispositions issues de la loi n° 2022-301 du 2 mars 2022 relative au choix du nom issu de la filiation sera transmise aux procureurs et magistrats par le garde des Sceaux, Éric Dupont-Moretti, en juin.

La loi relative au choix de nom issu de la filiation comprend trois articles essentiels :

Le premier article concerne le nom d'usage : le parent qui n'a pas transmis son nom de famille à la naissance peut l'adjoindre à titre d'usage à l'enfant mineur sans autorisation de l'autre parent, en deuxième position. De plus, tout majeur peut dorénavant utiliser un seul nom de famille en nom d'usage, celui de son père ou de sa mère.

C'est également possible pour un mineur si les deux parents sont d'accord ou si le parent titulaire de l'autorité parentale exclusive le décide.

Pour obtenir un nom d'usage, il suffit de l'indiquer sur la pièce d'identité ou le passeport.

Le deuxième article concerne le nom de famille : tout majeur peut changer de nom de famille, une fois dans sa vie et gratuitement sur simple présentation d'un Cerfa à la mairie de son domicile ou de son lieu de naissance. Le dossier est validé après un délai de réflexion d'un mois.

Il peut choisir d'adjoindre ou de substituer son nom, en prenant soit celui de sa mère, soit celui de son père, soit les deux, dans le sens souhaité.

Un seul nom sera transmissible.

Le changement de nom s'étend de plein droit aux enfants du bénéficiaire lorsqu'ils ont moins de treize ans.

Le troisième article aborde la situation des mineurs : en prononçant le retrait de l'autorité parentale, la juridiction saisie peut statuer sur le changement de nom de l'enfant. (Ce qui était impossible avant.)

Les enfants de plus de treize ans doivent donner leur consentement, que ce soit pour le nom d'usage ou le nom de famille.

Depuis la loi relative au choix du nom issu de la filiation en 2022, le nombre de changements de nom de famille a triplé.

Les personnes choisissent plutôt de substituer leur nom que d'en ajouter un deuxième. Selon le sondage de l'Institut national de la statistique et des études économiques, sur 144 096 changements de noms enregistrés entre le 1er août 2022 et le 31 décembre 2023[67], 97 465 sont des personnes qui ont substitué leur nom ; l'ajout d'un deuxième nom en plus du nom initial est le deuxième type de changement sollicité, soit 30 740. Ces chiffres montrent bien qu'il y avait une attente très grande sur ce texte de loi. L'Insee n'a pas pu questionner les personnes sur leurs motivations.

Dans le cas de ma fille, Enora, il ne s'agit pas de violences, mais bien d'un sentiment d'appartenance à nos deux familles. Elle l'a formulé dès son entrée à l'école et, à l'heure actuelle, alors âgée de douze ans, elle est toujours en phase avec cette décision : « Je voulais avoir le nom de famille de ma maman en plus de celui de mon papa pour pouvoir faire partie de la famille, car j'avais l'impression d'être mise de côté. C'est surtout à partir du CE1, lorsque j'ai dû écrire mon nom de famille sur mes cahiers, que j'ai commencé à écrire les deux noms, celui de mon père et de ma mère. Aujourd'hui, mon nom d'usage[68] est celui de mes deux parents grâce à la nouvelle loi sur le nom de famille. Je suis fière de pouvoir aussi porter le nom de ma maman. »

À présent, ma fille est contente de se dire qu'elle fait partie intégrante de ma famille et de celle de son père. Cela lui a permis d'ôter ses doutes. De plus, elle se sent liée à son demi-frère du fait qu'ils partagent le même nom. Je n'ai pas réussi à obtenir un changement de nom de famille, même avec cette loi, ce n'était pas possible. En revanche, grâce à cette loi et plus précisément à l'article 1, j'ai pu faire ajouter mon nom de famille en nom d'usage à celui de leur père pour mes deux enfants sans l'autorisation des pères. Je n'ai plus besoin de me justifier pour des actes administratifs concernant mes enfants. La question de savoir si je suis la mère ne se pose plus.

---

67. *Depuis la loi Vignal, triplement du nombre de changements de nom de famille*, Étude de l'Insee, 25 avril 2024.

68. Toute personne possède un nom de famille (appelé aussi nom de naissance). Ce nom figure sur votre acte de naissance. Il peut s'agir par exemple du nom de votre père ou de votre mère, ou des noms de votre père et de votre mère accolés. Vous pouvez toutefois utiliser dans la vie quotidienne un autre nom appelé nom d'usage. Celui-ci ne remplace pas votre nom de famille qui reste le seul nom mentionné sur les actes de l'état civil : acte de naissance, de mariage, livret de famille...

À travers les histoires précédentes, j'ai pu voir l'impact du nom de famille sur la vie d'un enfant et saisir à quel point cela a de l'importance, notamment dans le processus de reconstruction pour des enfants maltraités. On ne peut s'imaginer la souffrance d'un enfant ou d'un adulte qui doit porter le nom de son agresseur à vie, et je suis heureuse d'avoir pu proposer une loi qui permet de lever ce poids qui leur pèse.

Conclusion

Alice, D., Noé[69], Charles[70], Louis[71], Julie[72], Lynaïs... Ces enfants pourraient être les vôtres. Nommer ces enfants, c'est avant tout remettre de l'humain là où, bien souvent, il n'y en a plus. Ces enfants ne sont pas uniquement des numéros de dossiers perdus dans les méandres des procédures. Ces enfants aspirent comme tout autre enfant à vivre en paix et en sécurité. Chaque enfant a sa singularité. Mais leurs histoires ont un poids commun : la difficulté de l'institution judiciaire à défaire le lien avec le parent agresseur. Un lien qui prime sur l'intérêt supérieur de l'enfant, si bien que la justice peine encore à prononcer le retrait de l'autorité parentale.

Un enfant vivant dans un foyer violent est une victime. L'impact des violences conjugales sur la vie des enfants a de graves conséquences sur la santé tant mentale que physique. Ces enfants développent souvent un syndrome de stress post-traumatique (des cauchemars, des flash-back, une hypersensibilité neuro-végétative, de l'hypervigilance...) et subissent également des répercussions sur leur développement cognitif comme le retard de langage ou encore des problèmes d'attention. Ces enfants grandissent et se construisent avec un sentiment de peur. De la peur pour eux-mêmes, mais aussi pour leurs frères et sœurs ou encore pour le parent victime, généralement la mère.

Plusieurs de ces témoignages montrent la multiplication des procédures judiciaires et des intervenants pour arriver à protéger l'enfant victime de maltraitances ou témoin de violences. Tout au long de ces procédures, pendant plusieurs années, l'enfant est contraint de revivre, de reparler des faits ou encore de garder le contact avec le parent agresseur. Ils sont parfois confrontés

69. Prénom modifié.

70. Prénom modifié.

71. Prénom modifié.

72. Prénom modifié.

à des professionnels qui n'ont, hélas, pas toujours une oreille bienveillante ou qui manquent de formation, à des décisions de justice qu'ils ne comprennent pas. Ces enfants n'ont pas toujours l'impression d'être entendus, crus et soutenus. C'est une violence supplémentaire. Ce système, souvent défaillant, fait que l'enfant est replongé sans cesse dans son traumatisme, ce qui peut conduire à des idées extrêmes comme celle de vouloir se suicider. Un enfant se rétablira plus facilement quand le lien du parent agresseur est coupé rapidement, qu'on lui laisse du répit et qu'on lui permet de grandir dans un environnement sain et en sécurité.

L'inceste est avant tout une histoire de famille. Les agresseurs peuvent être les parents, beaux-parents, oncles et tantes, grands-parents, cousins, frères et sœurs, d'où la difficulté de dénoncer son bourreau. Cela doit rester en famille et surtout ne pas s'ébruiter. L'inceste est synonyme de silence. Un silence qui va jusqu'à vous prendre votre âme d'enfant. Ce silence qui vous empêche de dormir la nuit. Ce silence qui vous emprisonne. Ce silence qui empêche de vous extirper de votre agresseur. Ce silence qui vous hante jusqu'à en sentir l'odeur nauséabonde au réveil. Ce silence qu'il est si difficile de briser. Ce silence qui cache des secrets de famille parfois inavouables. Ce silence qui a de lourdes conséquences tout au long de la vie de celles et ceux qui l'ont subi. Il faut se taire et, si possible, pardonner et oublier. L'inceste ne doit pas être porté en justice. Et si la victime ne peut se taire, elle est bien souvent rejetée par la famille ou incomprise de la justice. L'inceste est destructeur.

Les effets de l'inceste pendant l'enfance peuvent conduire l'enfant à avoir des comportements inappropriés ou à commettre des actes sexuels sur d'autres enfants, ne voyant pas cela comme mal. Tant à l'adolescence qu'à l'âge adulte, des troubles compulsifs alimentaires comme l'anorexie ou la boulimie peuvent se développer. Ainsi que des douleurs chroniques (fibromyalgie, fatigue, mal de dos...), des difficultés à dormir, la peur de reproduire des agressions, la peur d'être un mauvais parent, des idées suicidaires...

Selon la durée, la répétition des violences et la protection ou non de l'enfant, l'impact sur lui ne sera pas le même. Chaque enfant va employer un mécanisme de défense pour survivre et va réagir différemment suivant son âge. De tels traumatismes font que ces enfants n'auront pas le même regard sur le monde à l'âge adulte. La peur des autres est un sentiment qui revient souvent. Les victimes qui ont témoigné ont toutes été suivies (psychologue, pédopsychiatre, psychiatre, psychothérapeute...), ce qui les aide à faire face aux traumatismes. Les médecins jouent un rôle essentiel dans l'aide aux victimes. Une thérapie est indispensable pour la reconstruction des victimes.

À travers ces différents témoignages, on constate à quel point un nom de famille peut être porteur de traumatismes. La loi relative au changement de nom de famille qui date de 2022 est une véritable avancée sociétale. Une révolution pour l'égalité entre les hommes et les femmes, mais surtout cela rend de la dignité aux enfants maltraités en effaçant le nom de famille d'un parent violent ou incestueux. Changer de nom peut permettre à l'enfant de se reconstruire en laissant un passé violent derrière lui. Ce texte permet de « réparer » des injustices dans l'enfance.

Ce qui saute aux yeux dans ces histoires, ce sont les souffrances extrêmes des enfants, mais aussi des adultes qui veulent les protéger et qui se retrouvent souvent sur le banc des accusés. Des mères victimes de violences conjugales emploient fréquemment le terme de « parcours du combattant » face à une justice longue, difficile et éreintante et qui les met également en danger face à leur agresseur. Les parents parlent aussi de double peine lorsqu'ils se trouvent face à un système dysfonctionnel, devant assumer des frais de justice astronomiques les amenant à s'endetter. Tout cela, alors qu'ils veulent simplement protéger leurs enfants.

Il est difficile d'effacer les horreurs de l'enfance. Ces témoignages nous montrent la force qu'il faut pour surmonter l'impensable et révèlent qu'il est aussi possible de s'en sortir. Ces survivants et survivantes sont une source d'espoir pour une prise de conscience de la société, mais aussi pour une amélioration de la prise en charge des mineurs victimes de maltraitance par les professionnels. Dans cette deuxième partie du livre, nous allons partir à la rencontre d'experts et expertes pour mettre en avant les alternatives, les avancées et les réponses à ces récits de vie.

Deuxième partie

LES EXPERTS ET EXPERTES

« Nous devons à nos enfants, les êtres les plus vulnérables de toute société, une vie exempte de violence et de peur. »

Nelson Mandela

Introduction

Entendre la parole des survivants et survivantes pour mieux comprendre les mécanismes des violences dans la sphère familiale, leur impact sur l'enfance et leur vie d'adulte est indispensable pour améliorer la prise en charge des mineurs par les professionnels. Il est important de ne plus fermer les yeux sur les dysfonctionnements de nos institutions. Pour pouvoir y remédier afin que les victimes ne subissent plus de violences institutionnelles qui trop souvent abîment autant que les violences subies par l'agresseur. Ces témoignages doivent permettre de faire avancer les mentalités pour mettre des moyens humains et financiers en place à la hauteur de l'enjeu.

Depuis quelques années, la situation des enfants exposés à la violence conjugale, ainsi que des victimes d'inceste, a enfin mobilisé les politiques. La législation a évolué ces dernières années, offrant des moyens supplémentaires pour protéger les enfants. La loi du 21 avril 2021 visant à protéger les mineurs des crimes, des délits sexuels et de l'inceste a établi un seuil d'âge à dix-huit ans dans les cas d'inceste et à quinze ans dans les autres cas (avec un écart d'âge d'au moins cinq ans), en deçà duquel la contrainte de l'adulte sur l'enfant est présumée. C'est une avancée historique. Plusieurs lois ont été votées concernant l'autorité parentale pour permettre aux magistrats de la suspendre ou de la retirer au parent violent. La dernière en date est celle de la députée Isabelle Santiago : la loi n° 20223-233 qui vise à mieux protéger et accompagner les enfants victimes de violences intrafamiliales a été adoptée le 18 mars 2024. Dans le décret 2021, le gouvernement reconnaît aux enfants le statut de victime, « avec les droits inhérents au statut de victime ». Néanmoins, même si on constate une augmentation des retraits d'autorité parentale, l'application demeure à l'appréciation des magistrats. Force est de constater qu'il reste rare qu'un parent violent soit déchu de ses droits parentaux, pourtant une coparentalité est impossible dans le cadre de violences conjugales.

Les témoignages dans la partie précédente montrent la complexité de notre système judiciaire pour protéger un enfant, y compris dans les cas les plus graves (féminicide, tentative de meurtre, inceste). La séparation ne met pas fin à la violence conjugale et peut même l'exacerber sur le parent victime, ainsi que sur les enfants. Notre système judiciaire est très paradoxal en disant aux femmes victimes de violences conjugales de partir pour finalement se retrouver enfermées dans une sorte de toile d'araignée ; le système judiciaire imposera à bon nombre d'entre elles, une coparentalité avec leur agresseur et parfois même un transfert de garde chez celui qui s'est rendu coupable du pire. La violence conjugale est une violence genrée, majoritairement infligée aux femmes par des hommes.

Si la parole d'un mineur est mal recueillie par les forces de l'ordre, il y a peu de chances pour que cela débouche sur une procédure judiciaire et donc une protection. Moins de 7 % des plaintes pour violences sexuelles sur mineur aboutissent à une condamnation de l'auteur. En cas de viol, seulement 3 % des plaintes pour viols sur mineurs de quinze ans mènent à une condamnation[73]. Les plaintes concernant des violences sexuelles sur mineurs sont généralement considérées comme insuffisamment caractérisées et classées sans suite faute de preuves. Comment peut-on y remédier ? La justice protège-t-elle les enfants en danger ?

Le rapport édifiant du Syndicat de la magistrature fait état d'un système au bord de l'implosion. En effet, les juges des enfants sont en sous-effectifs et doivent suivre beaucoup plus de dossiers qu'ils ne le devraient. Par conséquent, les réponses ne sont pas toujours adaptées et les délais d'attente d'exécution des mesures peuvent parfois dépasser une année. Le manque de places ou de structures adaptées à l'accueil des enfants contraint une majorité de juges à renoncer à une décision de placement.

---

73. « Les violences au sein du couple et les violences sexuelles en 2020 », *Lettre de l'Observatoire national des violences faites aux femmes*, MIPROF, lettre n° 17, novembre 2021.

« Les signalements ne sont pas suivis. Nous restons avec des dossiers d'assistance éducative où des violences parentales sont dénoncées sans enquête pénale », juge des enfants, cour d'appel de Douai.

« Nous constatons que ces enquêtes n'aboutissent que très tardivement voire jamais, contrairement aux procédures pour stupéfiants par exemple [...] », juge des enfants, cour d'appel de Paris.

En 2018, les juges des enfants de Bobigny publiaient dans Le Monde *un appel au secours en ces termes : « Nous sommes devenus les juges de mesures fictives, alors que les enjeux sont cruciaux pour la société de demain : des enfants mal protégés, ce seront davantage d'adultes vulnérables, de drames humains, de personnes sans abri et dans l'incapacité de travailler. »*

Les conséquences de ce manque de moyens ne font qu'accroître les violences sur ces mineurs, c'est une double peine pour eux : des enfants en danger de mort devant rester dans leur famille maltraitante, des enfants déscolarisés, privés de soins, des enfants qui n'auront plus confiance dans les adultes. Des éducateurs qui arriveront trop tard chez des familles faute de moyens : la situation du mineur se sera tellement dégradé que cela nécessitera son placement à l'aide sociale à l'enfance ou chez un tiers digne de confiance. Le manque de mesures à domicile a pour conséquence une augmentation du nombre de placements.

Le nombre d'enfants placés à l'aide sociale à l'enfance ne cesse d'augmenter alors que le système est à bout de souffle. Les mineurs qui font l'objet d'un placement ou qui bénéficient d'une mesure éducative ont pour la plupart connu des violences au sein de leur famille, des négligences et ont des traumatismes importants. D'après la Direction de la recherche, des études, de l'évaluation et de statistiques (Drees) sur l'aide sociale à l'enfance[74], 51 000 aides éducatives à domicile (AED) et 121 000 actions éducatives en milieu ouvert (AEMO) en cours ont été recensées

74. Rapport de juillet 2024 de la Drees sur l'aide sociale à l'enfance.

fin 2022. Au 31 décembre 2022, les mineurs et majeurs de moins de 21 ans bénéficient de 381 000 mesures d'aide sociale à l'enfance, constituées pour 55 % de mesures de placements et pour 45 % d'actions éducatives. Un autre chiffre inquiétant devrait alerter notre société, celui de la prostitution des mineurs qui ne cesse de croître : on estime entre 7 000 et 10 000 enfants victimes de prostitution[75]. Il s'agit d'un nombre approximatif et probablement en dessous de la réalité qui touche de plus en plus de mineures d'origine étrangère ou française. Plus de 80 % d'entre elles seraient prises en charge par l'aide sociale à l'enfance.

Ces chiffres sont une sonnette d'alarme qui devrait tous nous indigner. Il est temps de sortir en urgence du déni sociétal et institutionnel concernant la situation de ces mineurs. Pour trouver des alternatives face à un système qui craque, nous avons souhaité donner la parole à des professionnels qui œuvrent au quotidien : des témoignages de professionnels engagés, formés et qui se vouent à la protection des mineurs, bien souvent avec des moyens humains et financiers limités. Des femmes et des hommes qui savent aussi se remettre en question pour toujours faire mieux dans l'intérêt des enfants. Des professions qui méritent également d'être mises en avant, tant leur travail est indispensable à notre société. Remettre de l'humain derrière chaque métier en lien avec la protection des mineurs nous apparaît crucial tant leur rôle est vital au bon fonctionnement de notre société et à l'avenir de nos enfants.

Des précédents témoignages, il ressort que des mineurs victimes ont dû répéter les faits à de nombreuses reprises et notamment dans de mauvaises conditions. Trop souvent, le mineur est confronté à de nombreux intervenants : forces de l'ordre, magistrats, intervenants sociaux, expert médecin, avocat... Des intervenants qui fréquemment ne se parlent pas entre eux, ne se coordonnent pas et manquent de formation, ce qui ajoute un traumatisme supplémentaire au mineur. Il est nécessaire d'avoir des professionnels formés et travaillant aussi en pluridisciplinarité pour y remédier.

---

75. Ministère des Solidarités, « Mineurs victimes de prostitution : des solutions existent pour vous accompagner », *solidarites.gouv.fr*, 2023.

Dans le cadre de violences conjugales, bien souvent, la mère est broyée et paupérisée par le système judiciaire. D'où l'importance d'avoir un tissu associatif compétent qui prend en charge gratuitement tous les mineurs victimes de maltraitance sur le plan médical et juridique ; au sein d'un lieu unique comme le fait Women Safe & Children qui propose aussi des activités pour que l'enfant puisse se reconstruire.

Voici onze témoignages de professionnels qui nous racontent leur engagement auprès de mineurs maltraités, les difficultés rencontrées sur le terrain, mais aussi les alternatives qu'ils mettent en place pour améliorer leur prise en charge et pallier un système à bout de souffle.

Chapitre 9

Au cœur d'une unité spéciale pour recueillir la parole de l'enfant

Barbara Tisseron
Pédiatre et médecin légiste
Cheffe de service à l'unité d'accueil pédiatrique enfance en danger à l'UAPED (unité médico-judiciaire mineurs) du CHR d'Orléans
Experte auprès de la cour d'appel d'Orléans
Présidente du réseau ASPED (réseau maltraitance)
Promue chevalier de la Légion d'honneur en 2023

Martine Brousse, présidente de l'association La Voix de l'enfant, accompagnée de professionnels de la santé, a imaginé dès 1997 des lieux d'accueil pour les enfants victimes de violence. Grâce à la loi Guigou du 17 juin 1998 sur la prévention, la répression des infractions sexuelles et la protection des mineurs, le projet se concrétise. C'est la création des unités d'accueil pédiatrique enfants en danger (UAPED), anciennement unités d'accueil médico-judiciaires pédiatriques en milieu hospitalier (UAMJP). Celles-ci ont pour objectif une meilleure prise en charge dans le recueil de la parole des mineurs afin d'éviter la remise en question de la parole de l'enfant lors des enquêtes. La direction générale des offres de soin relaiera le projet afin qu'il y ait au moins une UAPED par département.

Le déploiement des UAPED s'inscrit dans le plan de lutte contre les violences faites aux enfants (2020-2022) lancé en novembre 2019 par Adrien Taquet, ancien secrétaire d'État chargé de l'Enfance et des Familles. En 2023, quatre-vingt-huit UAPED sont déployées et vingt-sept autres sont en projet. L'UAPED d'Orléans a été créée en 2008 par le docteur Barbara Tisseron qui la dirige depuis.

Nous avons rencontré le docteur Barbara Tisseron lors du colloque « Enfants au cœur des violences conjugales : 180 minutes pour comprendre », organisé par Marie Tamarelle-Verhaeghe à l'Assemblée nationale le 24 novembre 2021. Captivées par les propos du docteur Tisseron, nous avons voulu comprendre le fonctionnement d'une UAPED.

Nous avons passé une journée en immersion à l'UAPED d'Orléans. Ce service accueille les enfants et les adolescents qui ont été victimes ou témoins de maltraitance psychologique, physique, sexuelle ou de négligence, les enfants co-victimes de violences conjugales, les adolescents en situation de prostitution, depuis leur naissance jusqu'à leur majorité.

Les origines du projet

Barbara Tisseron, pédiatre de formation, s'intéresse à la maltraitance infantile alors qu'elle n'est qu'une interne en médecine. Après avoir été cheffe de clinique sur Paris, elle reprend, en 2007, le service de maltraitance à l'hôpital d'Orléans. Une première rencontre avec un enfant victime de violences sexuelles, placé en famille d'accueil, sera un tournant. Le docteur Tisseron a très peu d'informations sur le passé de cet enfant qui ne veut rien raconter et refuse de se faire examiner. À cette époque, le docteur n'a pas la possibilité de faire plus pour lui, car le temps de la consultation est très court et défini (30 minutes par enfant en moyenne). C'est cette histoire et ce constat dramatique qui la poussent à chercher une solution pour accueillir les enfants victimes en leur consacrant le temps nécessaire. De là est née l'UAPED d'Orléans.

Qu'est-ce qu'une UAPED ?

Une UAPED est une version améliorée d'une unité médico-judiciaire (UMJ).

Pour comprendre, il faut remonter au 15 janvier 2011, alors qu'une réforme de la médecine légale demande que toutes les victimes mineures qui portent plainte soient vues par les unités médico-judiciaires (UMJ). Cette réforme a permis une meilleure collaboration entre la médecine légale et la justice pour améliorer la prise en charge des victimes. L'UMJ intervient principalement sur réquisition de l'autorité judiciaire (police, gendarmerie, magistrats) afin d'effectuer des constatations dans le cadre d'enquêtes pénales et se situe généralement dans les hôpitaux. C'est un lieu où le médical (médecins légistes, psychologues, psychiatres, infirmières, aides-soignantes) collabore avec l'autorité judiciaire. Les UMJ vont permettre de recueillir des éléments de preuve pour l'enquête et déterminer s'il y a une incapacité totale de travail[76] (ITT). Les ITT sont déterminantes pour qualifier une infraction et ainsi apporter une sanction pénale. L'examen de la victime comporte un double volet : un examen sur le plan physique et un examen sur le plan psychologique. Le rapport médical est transmis aux services de police et gendarmerie pour le joindre à la plainte.

À l'UAPED d'Orléans, l'équipe pluridisciplinaire du docteur Tisseron est constituée de deux pédiatres-médecins légistes, deux infirmières, deux assistantes sociales, trois secrétaires, un cadre de santé, qui est la cheffe des infirmières, et de trois psychologues. À cette équipe s'ajoutent les gendarmes pour les auditions de mineurs. Pour Barbara Tisseron, il est important d'être plusieurs professionnels pour réfléchir à la situation d'un enfant victime et pour déterminer s'il est nécessaire de faire une information préoccupante ou un signalement. Si les professionnels (santé, police, justice) sont rassemblés en un lieu unique, l'enfant victime n'a pas à se rendre dans divers lieux pour raconter ce qui lui est arrivé et n'a pas à répéter les faits à plusieurs personnes. En un sens, les adultes s'adaptent à l'enfant, et non l'inverse. Quand

76. Il s'agit du temps pendant lequel la victime est dans l'impossibilité d'effectuer les gestes de la vie courante.

ils l'écoutent une seule fois, cela permet de soulager l'enfant et de ne pas causer un traumatisme supplémentaire.

Dans quelles situations un mineur est-il adressé à l'UAPED ?

Un mineur peut être adressé à l'UAPED soit sur réquisition de justice, soit hors réquisition.

Sur réquisition de justice

Lorsqu'il y a un signalement via le procureur de la République, le 119 ou un dépôt de plainte, le parquet saisit les services de gendarmerie ou de police. Ce sont les enquêteurs qui prennent un rendez-vous avec le secrétariat des UAPED/UMJ.

Il existe des créneaux d'urgence tous les jours pour répondre, par exemple, à une garde à vue ou une urgence médico-légale pour une agression sexuelle. Dans ce cas précis, il faut moins de cinq jours pour faire un prélèvement ADN qui sera mis sous scellés pour la justice.

Hors réquisition de justice

Un médecin traitant peut adresser un enfant pour un avis. En fonction du type d'inquiétude, l'équipe peut faire une information préoccupante, un signalement ou pas d'écrit. Si l'équipe fait le choix de ne pas faire d'écrit, elle reste à disposition de la famille. Elle pourra informer le médecin traitant qui aura adressé le mineur de ses conclusions. Les enfants peuvent aussi être adressés par la famille elle-même ou par un autre professionnel de la petite enfance.

Dans les deux cas, les enfants suivent un parcours précis : l'accueil des enfants à l'UAPED d'Orléans se fait par une infirmière qui leur explique comment va se passer l'audition et leur présente les locaux. Ensuite, le mineur est auditionné puis examiné médicalement et psychologiquement.

Le déroulé des auditions

Lors des auditions des enfants, le personnel veille à bien les accueillir et à apporter beaucoup de bientraitance. Les mineurs sont installés dans un local adapté, en service pédiatrique et dans un endroit calme. Ce sont des locaux propres, lumineux et colorés, qui ne sont partagés avec aucun autre service pour la confidentialité. Afin de préserver cette dernière ainsi que le secret de la procédure judiciaire, le docteur Tisseron souhaiterait installer dans les futurs locaux deux salles d'attente pour ne pas mélanger les familles.

Lors de l'audition du mineur, celui-ci va se retrouver face à un enquêteur en civil et l'équipe médicale assiste aux échanges derrière une glace sans tain. Pour le docteur Tisseron, pouvoir observer et écouter, ce n'est pas la même chose que de prendre connaissance des auditions écrites qui auraient été menées hors les murs de l'UAPED. L'équipe médicale est extrêmement attentive à la façon de parler de l'enfant, à sa gestuelle, à son état psychologique. Elle peut aussi repérer si l'enfant est en état de dissociation lorsqu'il parle à l'enquêteur, surtout lorsqu'il s'agit de violences sexuelles. Avoir plusieurs cerveaux pour analyser la parole de l'enfant si fragile est un atout majeur. À la fin de l'audition, l'enquêteur fait une pause pour voir l'équipe médicale afin d'émettre ses remarques, ses observations et également leur demander s'ils ont des questions à poser au mineur. Tout cela est fait dans le but de ne pas organiser un nouvel entretien et, par conséquent, ne pas faire répéter l'enfant. Dans le cadre d'une procédure classique (qui ne se déroule pas à l'UAPED), l'enfant raconte en moyenne sept fois ce qu'il a vécu. Cette répétition peut remettre la parole de l'enfant en doute, car celui-ci peut être influencé ou vouloir faire plaisir à l'adulte en changeant son récit, ce qui peut rendre l'adulte plus suspicieux. Un enfant est fragile, une victime est fragile. Limiter le nombre d'auditions est un vrai plus.

Pourquoi est-il préférable d'auditionner un enfant dans les locaux d'une UAPED plutôt que dans un commissariat ou à la gendarmerie ? Dans une UAPED, toute une équipe médicale et paramédicale est formée au psychotrauma, à la clinique de la violence, à la protection de l'enfance, centrée autour de l'enfant (formation en France, y compris pour les secrétaires). L'enfant ne se déplace pas dans différents lieux car tous les intervenants spécialisés sont réunis dans l'unité. L'équipe médicale va systématiquement se demander : l'enfant a-t-il besoin d'une prise en charge médicale ou psychologique ? Va-t-il être protégé s'il repart du service ? C'est un regard très particulier que cette équipe lui apporte.

Déroulé des examens médicaux et psychologiques

Ensuite, les mineurs vont devoir passer des examens médicaux qui diffèrent en fonction de leur âge :

- les enfants vont passer d'abord un examen psychologique pour évaluer leur état psychologique, puis un examen gynécologique s'il y a eu des violences sexuelles ;
- les adolescents, à l'inverse, vont passer d'abord l'examen gynécologique puis l'examen psychologique. L'adolescent peut être très stressé par l'examen gynécologique et moins disponible pour discuter avec la psychologue. L'examen gynécologique n'est fait qu'avec le consentement de la victime, quel que soit l'âge.

Selon l'état psychologique de l'enfant qui arrive dans son unité, le docteur Tisseron peut proposer un suivi psychologique par l'une des psychologues de son service (qui n'est pas celle qui l'aura reçu sur réquisition) : ce sont des suivis courts, post-traumatiques, de dix à douze séances sur quelques mois. Si une autre problématique émerge lors de ces séances, le mineur est redirigé vers un partenaire pour un suivi à long terme.

Son unité prend en charge les problématiques de psychotrauma (l'ensemble des troubles psychiques qui peuvent survenir chez une victime suite à une exposition à un événement traumatique), c'est-à-dire tout ce qui va être en lien avec les violences, pas uniquement ce qui concerne les violences intrafamiliales. Elle propose de réorienter certains mineurs (exclusivement les plus de treize ans) vers le centre d'urgence médico-psychologique

(CUMP) si les psychologues de son unité manquent de disponibilité pour les recevoir. S'il y a d'autres problématiques que des psychotraumas, elle peut réorienter vers un psychologue en libéral, centre médico-psychologique[77] (CMP), etc.

Lors des prises en charge, il peut arriver qu'un enfant dénonce d'autres faits de violence qui impliquent d'autres mineurs pouvant se trouver en situation de danger et l'équipe pluridisciplinaire du docteur Tisseron (le médecin, la psychologue et l'assistante sociale) rédige alors un signalement auprès du procureur de la République ou une information préoccupante auprès de la CRIP[78]. L'assistante sociale de l'UAPED est en lien avec la CRIP quotidiennement, ce qui permet d'obtenir des informations sur la situation antérieure de l'enfant et sa famille : mesure de placement antérieure, mesures éducatives déjà mises en place, etc. Ces informations importantes sont portées à la connaissance des enquêteurs et du magistrat si besoin.

Des moyens encore insuffisants

Malgré tout, l'UAPED manque de moyens : à la fois en termes de locaux et de personnel pour accompagner au mieux les enfants victimes, en augmentation constante. Après la Covid, l'équipe a été très sollicitée pour des violences intrafamiliales, des violences physiques sur des nourrissons et de nombreux enfants témoins des violences conjugales. Depuis, les chiffres ne baissent pas… En 2020, l'UAPED d'Orléans a reçu plus de 694 mineurs ; en 2021, plus de 937 mineurs ; en 2022, plus de 952 mineurs ; et en 2023, plus de 1 022 mineurs[79].

Actuellement, le docteur Tisseron estime qu'au sein de l'UAPED il n'y a pas assez de médecins et de psychologues, et également qu'il manque cruellement d'un pédopsychiatre. D'ailleurs, les financements ne sont pas suffisants : l'enveloppe

---

77. Le centre médico-psychologique est un lieu de soin public sectorisé proposant des consultations médico-psychologiques et sociales à toute personne en difficulté psychique.

78. Cellule de recueil des informations préoccupantes du département. La CRIP centralise et organise le recueil, le traitement et l'évaluation de l'ensemble des informations préoccupantes qui lui sont adressées. Elle est composée d'une équipe pluridisciplinaire avec un pôle technique et un pôle administratif.

79. Données issues des tableaux internes de l'UAPED d'Orléans.

de base ne permet pas de recruter le personnel nécessaire et n'est pas en adéquation avec les exigences de la structure. En effet, les actions vont au-delà de la prise en charge des mineurs. Toute l'équipe du docteur Tisseron se forme régulièrement en se rendant à des colloques et des congrès. De plus, l'UAPED est « Équipe régionale référente » et, à ce titre, elle donne des avis d'expert, est support aux autres unités de la région et réalise des formations auprès de divers publics. Cela représente un travail conséquent. Il est donc important d'obtenir les fonds nécessaires pour porter au mieux cette structure indispensable dans l'accueil des enfants.

Créer des ponts

L'équipe du docteur Tisseron est en lien étroit avec la Maison des femmes d'Orléans[80]. L'assistante sociale qui y travaille est la même personne qui va s'occuper de la maman et de l'enfant. C'est un véritable avantage d'avoir affaire au même interlocuteur afin d'instaurer un climat de confiance et de faciliter les échanges. La mère victime évitera le surtraumatisme en racontant une seule fois les violences qu'elle a subies.

Il y a d'ailleurs le projet de réunir l'UAPED et la Maison des femmes dans un même lieu afin de permettre un parcours plus efficient dans la prise en charge de ces victimes. Bien sûr, les deux unités resteront indépendantes pour conserver un suivi spécifique des femmes et des enfants.

Toujours dans cet objectif d'une meilleure protection des mineurs, le 27 mars 2023, un protocole de prise en charge des enfants, après un homicide, une tentative d'homicide ou des violences volontaires ayant entraîné une hospitalisation de la personne, en état d'urgence vitale au sein du couple ou au sein de la cellule familiale, a été signé par les procureurs des tribunaux de Montargis et d'Orléans, les forces de l'ordre, le président du

80. La Maison des femmes d'Orléans a pour vocation d'assurer une prise en charge complète des femmes par un ensemble de professionnels en un lieu unique, une évaluation de la situation des enfants de ces femmes, et un accompagnement vers le parcours judiciaire. À ce jour, une unité est d'ores et déjà en fonction, au sein du CHR d'Orléans.

département, le centre hospitalier universitaire régional d'Orléans et le service départemental d'incendie et de secours du Loiret.

Dans ce cadre, une ordonnance de placement provisoire (OPP) pourra être requise par le parquet qui confiera le mineur à l'aide sociale à l'enfance. Une hospitalisation d'au moins 72 heures pourra être prescrite dans le service de pédiatrie générale, supervisée par l'UAPED d'Orléans, avec une suspension provisoire de tout droit de visite (le délai peut varier suivant les informations recueillies).

Pour le docteur Tisseron, ce protocole a plusieurs avantages :

- considérer que l'enfant témoin d'une tentative de meurtre ou d'homicide dans la cellule familiale est une victime ;
- limiter les répercussions sur les plans psychologique et physique de ces enfants victimes, qui peuvent développer un syndrome post-traumatique, grâce à une prise en charge médicale et psychologique en urgence, ainsi qu'à leur mise à l'abri ;
- apporter un cadre sécurisant pour les professionnels qui vont travailler ensemble, pouvant ainsi mieux se coordonner pour suivre ces mineurs.

Au-delà du médical : les plus qui améliorent la prise en charge

Le docteur Tisseron et son équipe cherchent à toujours améliorer l'accueil et la prise en charge des enfants, allant au-delà du protocole de base.

Orko, le chien d'assistance judiciaire

Depuis quatre ans, l'UAPED d'Orléans compte un chien d'assistance, nommé Orko. Ce golden retriever est le premier chien d'assistance judiciaire à exercer en UAPED. Tiers aidant, sélectionné et spécifiquement formé par l'association Handi'chiens, il assiste les mineurs victimes avec leur accord pendant l'audition par les enquêteurs. Considéré par l'équipe comme un partenaire judiciaire, il est le seul à être autorisé à entrer dans la salle d'audition[81].

Il est aussi présent avant l'audition pour permettre d'établir la confiance entre l'enfant et le personnel de la structure. C'est un véritable médiateur : il favorise la communication, améliore l'attention de l'enfant, rend l'attente moins longue et, surtout, il facilite le passage en salle d'audition. Le chien a la capacité de s'adapter aux besoins et à l'état émotionnel de l'enfant, pouvant l'apaiser face à des situations angoissantes. D'après des études scientifiques américaines[82], la simple présence du chien diminue le taux d'adrénaline, la tension artérielle et la fréquence cardiaque, et permet d'augmenter la sécrétion d'ocytocine (l'hormone du bien-être). Orko accompagne aussi les mineurs dans la salle d'attente et lors des soins médicaux comme pour l'examen gynécologique. Le chien monte sur un marchepied et pose sa tête sur la table. L'enfant peut le caresser pendant son examen.

La présence d'Orko est devenue indispensable puisque, entre 2021 et 2023, il a accompagné 434 enfants en audition, 25 en soutien à des examens gynécologiques, 109 en entretiens médicaux ou psychologiques.

Selon le docteur Tisseron, sans le chien d'assistance, il aurait été difficile de prendre en charge certains enfants. Elle se souvient notamment d'une adolescente très en colère lors de son arrivée dans les locaux de l'UAPED. Elle criait très fort et l'infirmière ne parvenait pas à l'apaiser. Mais lorsque le chien est arrivé, son comportement a changé immédiatement et la communication avec l'équipe médicale a pu s'établir.

Des clowns pour redonner le sourire

Deux fois par semaine depuis dix ans, les clowns de l'association Le rire médecin interviennent avant l'audition d'un mineur. Ils sont toujours en binôme – l'un reste en observation alors que

81. Techniquement, un parent ou un avocat peut aussi être avec l'enfant dans la salle d'audition si celui-ci le demande. Mais cela n'arrive quasiment jamais.

82. De nombreuses études scientifiques américaines (voir « The Effects of Animals on Human Health and Well-being », Wells D.L., *Journal of Social Issues*, n° 65, 2009, p. 523-543) ont montré que le chien exerce un effet bénéfique sur les êtres humains. Ces effets bénéfiques sont constatés aussi bien à court terme qu'à long terme comme le soulignent D.L. Wells et plusieurs spécialistes de la santé.

l'autre entre en interaction avec l'enfant –, accompagnés par l'infirmière. Grâce au rire et aux gestes tendres, le mineur reprend ainsi sa place d'enfant ; et cela a toute son importance dans un service qui reçoit des enfants victimes.

La réalité virtuelle au service du bien-être des mineurs

Prochainement, le service du docteur Tisseron, soucieux de trouver toujours de nouvelles alternatives pour améliorer le bien-être des mineurs, va s'équiper d'un casque de réalité virtuelle permettant une séance entre relaxation et hypnose. Il sera utilisé en clôture de prise en charge du mineur, à partir de six ans, afin de lui apporter un temps de détente, surtout pour les adolescents (ils pourront choisir un décor : mer, montagne...).

Vincent Meslin

Commandant de brigade au sein de la gendarmerie nationale
Enquêteur spécialisé dans l'audition des mineurs-UAPED d'Orléans

Gendarme depuis 2011, l'adjudant-chef Meslin n'avait pas pour vocation première de se spécialiser dans les auditions de mineurs, c'est venu du terrain. En 2018, il effectue une formation qui permet à des militaires de recueillir la parole des mineurs en utilisant le protocole NICHD[83]. Cette formation, sur la base du volontariat, dure dix jours au Centre national de formation à la police judiciaire au fort de Rosny-sous-Bois.

Un dispositif unique

À partir de 2018, il se rend ponctuellement à l'UAPED d'Orléans pour auditionner des mineurs victimes de maltraitance ou de négligence car il est affecté à plus d'une heure du CHU. Un soir de décembre 2022, après une journée de travail difficile, il discute avec le docteur Tisseron et une de ses collègues, Amandine Bonnefond, quand leur vient l'idée de travailler ensemble. En mars 2023 est né le dispositif, à titre expérimental, d'une permanence de gendarmes spécialisés dans les auditions de mineurs, qui seraient intégrés deux jours par semaine, au sein de l'équipe de l'UAPED. C'est une première en France. Au départ, l'adjudant-chef Meslin était avec sa collègue, puis un troisième et un quatrième collègue les ont rejoints au bout de quelques mois. Ce dispositif permet de centraliser les plaintes des enquêtes sur la circonscription de la gendarmerie d'Orléans. Les gendarmes de cette zone ont une note de service qui leur demande de systématiquement prendre contact avec eux pour des infractions relatives à des mineurs. Ainsi, les mineurs auditionnés dans le cadre d'une enquête judiciaire le sont par des gendarmes formés au recueil de la parole d'un mineur. Cela décharge et rassure aussi certains gendarmes car ils savent que les enfants seront auditionnés dans de bonnes conditions. Cette collaboration avec les équipes policières et judiciaires de la région fonctionne tellement bien que l'adjudant-chef Meslin croule sous les demandes

83. *National Institute of Child Health and Human Development.*

d'auditions et qu'il faut parfois attendre plus d'un mois (sauf en cas d'urgence).

Pour l'adjudant-chef Meslin, une gendarmerie n'est pas toujours un lieu adapté pour recueillir la parole de l'enfant. Dans l'idéal, il faudrait que cela se fasse dans des lieux dédiés comme les salles « Mélanie », des salles d'audition spécialement faites pour cela, ou encore les maisons de protection des familles et les UAPED. Mais, malheureusement, deux jours par semaine, ce n'est pas suffisant pour réaliser au mieux toutes les missions (auditions, retranscriptions, contact magistrat, saisie/placement sous scellés des entretiens, réquisition pour le psychologue et réquisition pour le médecin) et pour accueillir le plus d'enfants possible. La présence d'un gendarme de permanence « auditions » tous les jours de la semaine serait idéale, ainsi qu'un gendarme qui tient la permanence « coordination » comprenant la centralisation des demandes, la vérification des dossiers et l'optimisation des plannings d'audition. Sachant qu'une audition dure en moyenne 40 minutes, si on ajoute la retranscription et l'administratif, un gendarme va consacrer en moyenne une demi-journée par mineur auditionné. Une équipe de spécialistes au nombre adapté à la demande d'auditions de l'UAPED d'Orléans serait l'idéal.

De plus, le nombre d'enfants entendus à l'UAPED ne cesse d'augmenter : en 2020, les enquêteurs ont réalisé plus de 233 auditions filmées ; en 2021, plus de 362 ; en 2022, plus de 296 ; en 2023, plus de 346 ; et en 2024, plus de 397. Selon l'adjudant-chef Meslin, lorsque des examens médicaux et/ou psychologiques sont à prévoir, il est préférable que les auditions soient réalisées à l'UAPED, car s'ajoutent le suivi médical et le travail pluridisciplinaire très important dans la prise en charge des mineurs et dans leur reconstruction.

Le protocole NICHD : mieux auditionner les mineurs

Lors des auditions des mineurs, l'adjudant-chef Meslin utilise le protocole NICHD qui a été créé par Michael E. Lamb aux États-Unis en 1998 et qui a fait ses preuves lors d'entretiens par des forces de l'ordre ou des intervenants sociaux sur des mineurs âgés de quatre à douze ans, qu'ils soient victimes ou témoins de maltraitance.

Ce protocole est mis en place par la gendarmerie nationale en 2015 pour mieux recueillir la parole des mineurs victimes de violences sexuelles ou autres. Selon l'adjudant-chef Meslin, le plus important est de mettre l'enfant en confiance et de savoir recueillir sa parole dans de bonnes conditions.

Dans le cadre de ce protocole, le gendarme doit poser des questions ouvertes à l'enfant pour faire appel à sa mémoire de rappel et le laisser revivre l'événement. De cette manière, le gendarme pourra obtenir un maximum de détails sur ce qu'a vécu l'enfant. Ce protocole a pour but d'éviter de poser des questions suggérées qui orienteraient les réponses de l'enfant. C'est un recueil très spécifique qui facilite l'enquête car il permet d'être le plus fiable possible et d'augmenter la crédibilité du témoignage, ce qui incite les magistrats à prendre plus de décisions de justice pour parvenir à un procès. Cette parole est souvent le seul moyen d'aller en action pour la justice, car parfois par manque de preuves ou de cohérence dans le discours du mineur, la plainte est classée sans suite. Dans ce cas, l'enfant risque de ne plus parler par la suite car il peut penser qu'il n'a pas été cru ou ne fait plus confiance à l'adulte ou à la justice.

À la base, le protocole NICHD se décline en trois phases, mais la gendarmerie nationale en prévoit quatre. La spécificité de l'UAPED d'Orléans est d'adapter « la phase d'accueil ».

Phase 1 : la phase d'accueil

L'accueil s'adapte à chaque enfant. Au sein de l'UAPED d'Orléans, il a été décidé de mettre en avant l'infirmière que l'on appelle « le fil rouge » et qui sera le guide de l'enfant pendant l'ensemble de son passage dans l'unité. Elle lui présente les lieux et le protocole expliqué par Barbara Tisseron précédemment.

Phase 2 : la phase prédéclarative

Elle commence dans la salle d'entretien où le gendarme débute la mise en confiance avec l'enfant. Cette phase est en quatre temps :

- Le gendarme explique au mineur comment va se dérouler l'entretien.
- Il aborde avec lui ses hobbies.
- Il va lui présenter les règles de communication : dire si l'on ne comprend pas quelque chose, dire si on ne sait pas, dire si l'enquêteur se trompe, ne parler que de la vérité.
- Il va faire l'exercice de mémoire de rappel. Il va demander à l'enfant de parler de sa journée d'hier, d'aujourd'hui ou d'un événement heureux en particulier. Inconsciemment, l'enfant fait appel à sa mémoire, ce qui est très important avec les petits qui n'ont pas l'habitude de raconter un événement du début à la fin. Avec un adolescent, c'est un peu différent car il est plus mature et aura plus d'interactions.

Phase 3 : la phase déclarative

Elle correspond au moment où l'enquêteur recueille la parole de l'enfant auditionné. Il va poser des questions ouvertes : « Maintenant que je te connais un peu mieux, je voudrais que tu me parles de ce pour quoi tu es venu me voir aujourd'hui. » Le but est de rebondir sur ce que l'enfant a dit pour l'amener à tout évoquer, les faits dont il est victime... Pour faire avancer l'entretien, le gendarme pose des questions ouvertes. Pendant cette phase, l'adjudant-chef Meslin explique à l'enfant qu'il va faire une pause pour s'entretenir avec l'équipe pluridisciplinaire qui est derrière la glace sans tain et savoir s'il n'a pas oublié de demander quelque chose. Durant ce laps de temps, le mineur reste avec Orko (le chien d'assistance judiciaire) ou l'infirmière s'il s'agit d'un tout-petit (3 et 5 ans). Cela lui permet de souffler. Une fois le *brainstorming* réalisé avec le reste de l'équipe, l'enquêteur retourne dans la salle d'entretien et poursuit.

Phase 4 : la phase de clôture

Durant cette dernière phase, il peut y avoir des questions fermées. Il faut être sûr que l'enfant a eu la possibilité de tout dire : « Est-ce que tu penses que tu m'as tout dit ? » « Est-ce qu'il y a quelque chose que je devrais savoir ? » « Est-ce que tu as des questions à me poser ? » L'adjudant-chef Meslin dit à l'enfant qu'il peut revenir le voir si besoin, que sa porte reste ouverte.

C'est aussi le moment où le gendarme remercie l'enfant de s'être confié à lui.

La plus belle des choses qu'un enfant peut dire à l'adjudant-chef à la fin d'une audition, c'est « je t'ai tout dit ». Avec ces mots, il sait que le mineur s'est senti écouté et cru et cela permettra peut-être à l'enquête de le faire reconnaître comme victime.

Les plus de l'UAPED pour mieux accompagner les mineurs

Au-delà du protocole NICHD, l'UAPED cherche à accueillir au mieux les mineurs pour les aider à s'ouvrir à des adultes inconnus sur des faits de violence difficiles à partager.

C'est justement le rôle d'Orko, le chien d'assistance judiciaire qui, selon l'adjudant-chef Meslin, fait partie intégrante de l'équipe pluridisciplinaire. Véritable médiateur, il permet de créer un trio qui évite un stressant tête-à-tête entre le gendarme et le mineur. Le chien rend l'audition plus humaine, l'enfant peut le caresser, se mettre par terre avec lui, le gendarme peut se joindre à eux tout en posant ses questions. De plus, l'animal aide à passer sans heurt l'étape difficile de la séparation avec le parent protecteur ou l'accompagnant lorsqu'il intègre l'UAPED pour être auditionné.

Un autre élément essentiel est la « borne d'enregistrement » qui filme et enregistre temporairement les auditions qui sont ensuite gravées sur deux DVD : le premier devient un scellé et un élément de preuve, le second une « copie de travail » pouvant être consultée durant la procédure. Cette démarche permet de donner les éléments essentiels aux magistrats qui ne peuvent pas assister aux auditions. De plus, par le biais de l'enregistrement vidéo, l'enquêteur peut effectuer des captures d'écran et les insérer dans le PV de transcription. C'est la fédération d'associations La Voix de l'enfant qui a financé la borne d'enregistrement et le logiciel d'aide à la retranscription de l'UAPED d'Orléans. Malheureusement, le matériel est vieillissant et n'est plus assez performant pour fournir des images et des enregistrements de qualité et aucun soutien financier des institutions ne permet de le mettre à jour à l'heure actuelle.

L'avenir de l'équipe de gendarmes à l'UAPED

Depuis septembre 2024, les quatre gendarmes spécialistes ont reçu le renfort de deux autres gendarmes, se relayant ainsi à l'UAPED cinq jours sur sept, au même rythme que les personnels de l'unité. Comme ils gardent leur travail de gendarme habituel, ils organisent un roulement d'un gendarme par semaine. Depuis mi-octobre 2024, chaque gendarme spécialiste est accompagné par un assistant formé sur la base du volontariat. La mission de ces assistants est d'appuyer l'enquêteur formé au protocole NICHD, de diriger des auditions de mineurs victimes de violences non complexes et d'aider l'enquêteur à transcrire les entretiens. C'est une belle avancée. Dans l'idéal, il faudrait la création d'une brigade spécialisée, intégrée à l'UAPED d'Orléans, permettant à ces gendarmes de se consacrer à temps plein à la protection des mineurs.

Nous pouvons aussi noter que ce dispositif pourrait être transposé pour les femmes victimes de violences conjugales afin qu'elles n'aient pas à se déplacer à la gendarmerie.

Depuis la création de ce dispositif d'expérimentation il y a deux ans, l'adjudant-chef Meslin a entendu plus de mineurs victimes de maltraitance que depuis le début de sa carrière, mais sa motivation ne diminue pas. Malgré la charge de travail extrêmement importante, notamment le travail de coordination des auditions réalisé en parallèle de ses fonctions de commandant de brigade, il fait preuve d'un dévouement constant pour ces enfants, victimes de l'impensable.

Chapitre 10

Au cœur de la défense des mineurs : deux avocats

Marie Grimaud
Avocate au barreau de Paris
Rodolphe Costantino
Avocat au barreau de Paris

« La défense des enfants victimes emporte une charge de chaque instant, notre robe noire ne connaît de répit que lorsque sa protection est effective et pérenne. » Maître Grimaud

« Œuvrer pour la protection des enfants c'est ne jamais perdre de vue l'enfant qu'on a été soi-même. » Maître Costantino

Dans ce nouveau chapitre, nous partons à la rencontre de deux avocats qui ont la défense des enfants dans la peau. Maître Costantino défend les enfants depuis plus de trente ans et maître Grimaud depuis quatorze ans. Associés et mariés dans la vie, ils sont, aux yeux des mineurs qu'ils défendent, comme des « parents judiciaires ».

C'est lors d'un stage, effectué dans le temps de l'école de formation du barreau, que maître Costantino va découvrir le champ de l'enfance maltraitée, en intégrant l'association Enfance et Partage. Il en deviendra l'avocat référent dès sa prestation de serment en 1993 et portera les dossiers les plus sensibles pendant près de trente ans. Son activité de cabinet a été entièrement dédiée, pendant toutes ces années, à la protection des intérêts des enfants en leur apportant soutien dans les différentes procédures : juge des enfants, juges aux affaires familiales et surtout au pénal. Il se plaît à dire qu'il s'est occupé de la maltraitance à une époque où ce mot était encore un néologisme et n'avait pas sa place dans le dictionnaire.

Le parcours de maître Grimaud a été moins linéaire. Sociologue de formation, elle intègre l'école de formation du barreau, riche d'un parcours de vie autodidacte, marqué par de nombreux engagements associatifs et humanitaires. Dans le cadre de son parcours de socio-criminologue, elle a notamment interrogé le parcours des mineures délinquantes en intégrant le quotidien du tribunal pour enfants de Nantes pendant plus de deux années. Elle a aussi produit une étude juridique et sociologique sur ce sujet pour une unité de recherche du CNRS. Avocate depuis 2011, elle exerce son activité avec un regard et une connaissance pluridisciplinaires, en la dédiant entièrement aux victimes de violence.

Maître Costantino et maître Grimaud se sont associés en 2023, réunissant leur expertise et leurs expériences uniques dans le domaine de l'enfance maltraitée, offrant une prise en charge actuellement à près de 200 mineurs au sein de leur cabinet, avec le soutien d'un réseau de professionnels de divers horizons et compétences.

Être avocat pour mineur, qu'est-ce que ça signifie ?

Avant toute chose, maître Grimaud et maître Costantino se définissent comme des avocats engagés, et non comme des avocats militants. Ils tiennent à cette distinction. S'ils admettent volontiers que la cause des enfants maltraités doit beaucoup aux actions citoyennes militantes, lesquelles ont toute leur place et leur légitimité dans l'ordre social, ils considèrent cependant que le militantisme n'a pas à s'inviter dans les tribunaux, sauf à faire du mineur victime un instrument de la cause, souvent à son détriment. À cet égard, ils égratignent volontiers au passage certains de leurs confrères qui mélangent les intérêts propres de l'enfant qu'ils défendent avec ceux de la cause dont ils se disent porte-drapeaux, confondant tribune et tribunal jusqu'à la caricature.

Pour eux, on ne défend pas la parole d'un enfant en affirmant qu'un enfant dit toujours la vérité, comme on ne défend pas une mère qui agit en justice en protection de son enfant en affirmant que toutes les mères sont protectrices. Être avocat d'un mineur victime est d'abord affaire de « probité ». Le reste est affaire d'humanité, de savoirs et d'expérience. Face à la situation d'un mineur victime de violences intrafamiliales, il faut être en capacité de penser cette violence et de l'entendre, afin d'agir en protection de cet enfant.

« Penser, entendre, comprendre et protéger », telle est la méthode de maître Costantino et maître Grimaud pour défendre les intérêts des enfants qui arrivent à leur cabinet.

« Penser », c'est dépasser le champ du droit. Être avocat d'enfant, c'est d'abord se positionner à la croisée de toutes les disciplines traitant des violences faites aux enfants, et plus particulièrement la psychologie. C'est pourquoi leur cabinet a développé un réseau important de professionnels de toutes disciplines (médecins, psychologues, pédopsychiatres, éducateurs spécialisés et de jeunes enfants, assistantes sociales, psychomotriciens, orthophonistes...) pour penser chaque situation qui leur est adressée. Penser la situation d'un enfant, c'est comprendre le système familial dans lequel il évolue, la personnalité de ses parents, la dynamique de sa famille, mais aussi définir son degré de maturité, son évolution et surtout son niveau et ses outils de langage.

« Entendre », c'est d'abord établir un lien de confiance avec l'enfant, puis écouter sa parole à l'aune des éclairages issus de la première étape. En fonction de l'âge de l'enfant, mais aussi de la nature des violences dénoncées, maître Costantino et maître Grimaud peuvent faire le choix de confier le recueil de la parole de l'enfant à un ou des professionnels dont c'est le cœur de métier, afin de sécuriser l'enfant. Dans ce cas, ils travaillent à partir de la restitution de la parole de l'enfant par ces professionnels, évitant ainsi à l'enfant d'être dans la répétition et dans la confrontation de trop d'intervenants. Maître Grimaud et maître Costantino ne reçoivent jamais un enfant ensemble, définissant avant lequel d'entre eux serait le plus à même de gagner sa confiance et de lui offrir le plus de confort pour exprimer son vécu.

« Comprendre », c'est selon eux « tout prendre ». Ils ne craignent pas les contradictions, les incohérences ou encore les silences dans les récits des enfants. Comprendre, c'est contextualiser la parole de l'enfant avec tous les éléments qu'ils ont pu identifier en amont. Maître Costantino rappelle aussi que chaque enfant emprunte son langage au milieu social et culturel dans lequel il évolue, chaque mot de son récit pouvant ne pas signifier la même chose que pour un autre enfant.

« Protéger », c'est définir la meilleure action et la meilleure stratégie pour sécuriser physiquement et psychiquement l'enfant, à court, moyen et long terme. C'est ainsi que leur cabinet n'engage une action judiciaire (plainte, saisie du juge aux affaires familiales et/ou du juge des enfants) que si toutes les conditions sont réunies pour garantir la bonne compréhension par le juge ou par l'enquêteur de la réalité de la situation de l'enfant. Ils veillent ainsi à ne pas exposer l'enfant à un risque de violence judiciaire. Cela peut être le cas d'un enfant qui n'a pas encore acquis une capacité suffisante d'expression de son vécu, et dont la parole est entièrement dépendante de celle de sa mère. Maître Grimaud rappelle sans cesse à nombre de ses clients, essentiellement des mères, agissant pour leur enfant, que « protéger leur tout-petit, c'est d'abord les protéger elles en tant que mères dans un système judiciaire encore largement aux prises avec la confusion entre le droit du parent à l'enfant et le droit de l'enfant à grandir en toute sécurité ». Ainsi, leur cabinet développe des stratégies extra-judiciaires (qu'ils nomment procédure participative incluant les deux parents et divers professionnels éducatifs et de santé) pour créer des temps intermédiaires avant d'engager ou non l'enfant en justice, avec une protection qu'ils reconnaissent comme « non idéale », mais garantissant « une protection efficace à moyen et long terme ». Ils estiment que la protection d'un enfant consiste également à éviter la multiplicité des procédures, des décisions de justice, qui chacune viennent invisibiliser l'enfant pour faire du parent dit protecteur le « mauvais objet » aux yeux des juges et autres professionnels judiciaires.

Maître Costantino et maître Grimaud n'ont de cesse de rappeler que chaque situation est singulière et impose sa propre stratégie de défense, parfois non sans les obliger à faire des choix qui leur sont humainement difficiles. Ils demeurent convaincus que protéger un enfant, c'est garantir sa sécurité de manière pérenne. C'est un objectif qui parfois n'est pas immédiatement atteignable au regard des réalités judiciaires.

Des adolescents en danger

Ces dernières années, les adolescents sont en augmentation dans leur cabinet, dénonçant des faits de harcèlements scolaires ou sur les réseaux sociaux de plus en plus graves, ou encore des agressions sexuelles ou des viols du fait de mineurs de leur âge. Au cours de leurs entretiens avec ces adolescents victimes, il n'est pas rare que se révèle une problématique familiale antérieure, jusqu'alors jamais verbalisée ou identifiée. Maître Grimaud, qui a le plus souvent la charge de ces entretiens, redoute toujours ce moment où l'adolescent confie la ou les violences dont il a été le témoin ou la victime dans sa famille, car il vient mettre en concurrence des faits et des auteurs appartenant à des temps différents, ce qui rend la prise en charge plus confuse et délicate.

Dans un tel moment de révélations « en cascade » par l'adolescent, le cabinet peut être confronté à une rupture de cet adolescent avec sa famille (quand cela n'est pas déjà le cas) et à la dégradation rapide de ses comportements (fugue, prise de stupéfiants, prostitution, etc.). C'est pourquoi le cabinet propose très rapidement à l'adolescent la rencontre avec l'un de leurs éducateurs libéraux afin de créer une triangulation dans leur relation avec leur jeune client et de garantir une continuité du lien hors de leur cabinet. Une fois le lien de confiance établi avec l'éducateur, le cabinet accompagne l'adolescent pour construire un nouveau cadre d'alliance avec son entourage familial (parents ou autre proche de confiance) au moyen d'un « contrat familial d'accompagnement éducatif » signé avec l'éducateur et le cabinet pour garantir une alliance suffisante afin d'engager les différentes actions judiciaires que chacun des faits dénoncés par l'adolescent commande.

Le cabinet peut faire le choix de ne pas engager immédiatement l'adolescent dans une action pénale (dépôt de plainte) pour privilégier un temps plus ou moins long de prise en charge éducative. Maître Grimaud rappelle que la première urgence n'est pas celle de l'action et de la réponse pénale quand un adolescent dénonce un délit ou un crime qu'il a subi, mais bien davantage l'urgence de lui garantir un cadre juridique et éducatif lui permettant de ne pas perdre confiance dans le monde des adultes.

Pour répondre au mieux au fonctionnement des adolescents et à la complexité de leur prise en charge, le cabinet garantit le libre accès des locaux sur un jour de semaine fixé avec l'adolescent. Ainsi, pour l'une des adolescentes suivies au cabinet, il a été mis en place une permanence le jeudi, l'autorisant à se présenter à n'importe quel moment de ce jour pour échanger, demander des conseils, etc. C'est ainsi que cette adolescente se présentait au cabinet un jeudi, et devait y rester près de six heures, dans un mouvement de libération de sa parole après plusieurs mois de prise en charge par le cabinet et grâce à la collaboration d'un éducateur libéral.

Il est évident pour maître Costantino et maître Grimaud que le monde socio-judiciaire ne peut se permettre un tel niveau de prise en charge des adolescents victimes : difficulté à identifier leur situation et à les signaler, manque de psychologues, manque d'éducateurs, manque de locaux, de moyens, etc. L'institution judiciaire peine aujourd'hui à prendre en charge les adolescents les plus vulnérables, ceux et celles qui ont totalement rompu avec leur environnement familial ou qui sont issus de milieux socialement défavorisés, ou tout simplement de familles au sein desquelles ils ont été victimes. Le cabinet constate que les adolescents issus des milieux les plus favorisés sont particulièrement exclus de tous les systèmes de protection existants, la grande majorité des professionnels (justice, socio-éducatifs, éducateurs, avocats des antennes de mineurs...) ayant encore beaucoup d'a priori sur les parents et enfants issus des classes les plus favorisées. Ces adolescents sont souvent rejetés par ces professionnels lors de leurs demandes de soutien, ce qui participe à une rupture encore plus profonde de leur confiance dans le monde des adultes.

La CIIVISE : mise en lumière de l'inceste

La CIIVISE, acronyme de commission indépendante sur l'inceste et les violences sexuelles faites aux enfants, a été mise en place en janvier 2021, avec pour mission l'écoute des personnes qui ont été victimes d'inceste et de violences sexuelles pendant leur enfance et l'élaboration de recommandations pour la politique publique. De 2021 à 2023, la CIIVISE, présidée par le juge Édouard Durand et Mme Nathalie Mathieu (directrice générale de l'association Docteurs Bru), a recueilli 30 000 témoignages, essentiellement à l'occasion d'auditions publiques dans toute la France. En novembre 2023, 82 recommandations et un premier rapport ont été remis au gouvernement. En janvier 2024, une nouvelle présidence a été mise en place, en les personnes de Sébastien Boueilh et du docteur Caroline Rey-Salmon.

Invités à nous parler de la CIIVISE dont ils ont été membres, maître Costantino et maître Grimaud nous précisent d'emblée (non sans une certaine ironie dans la voix) que n'ayant pas participé à la CIIVISE sous la présidence du juge Durand et n'ayant fait qu'un « passage éclair » au sein de la « CIIVISE 2 », ils ont au moins pour avantage de disposer d'une pensée et d'une parole libres sur le sujet.

Devenus membres de la CIIVISE en janvier 2024, à la demande du docteur Caroline Rey-Salmon, pédiatre légiste et vice-présidente de la CIIVISE, ils avaient fini par en démissionner quelques mois plus tard, rendant compte publiquement des raisons qui les avaient conduits, l'un puis l'autre, à renoncer à leur engagement. D'abord maître Grimaud, le 26 mars 2024, dénonçant une CIIVISE rendue « inerte » par des « atermoiements gouvernementaux » et « une perte de légitimité collective » du fait des « effets dévastateurs des contrevérités, des fabulations, des illusions distillées depuis la non-reconduction de M. Durand ». Quelques jours plus tard, dans une lettre datant du 4 avril 2024, maître Costantino démissionnait à son tour, pointant « la politisation insidieuse de la commission » et « les glissements opérés (...) qui ont éloigné la CIIVISE de sa vocation à demeurer une instance totalement indépendante ».

Sur leurs démissions, ils affirment ne les avoir jamais regrettées, pouvant dire aujourd'hui que la CIIVISE actuelle a perdu le souffle de la première, et surtout l'occasion de devenir « un lieu citoyen et inclusif à la croisée des disciplines, des savoirs et des savoir-faire » qui aurait pu faire d'elle « un phare, un lieu ressource pour les victimes et les professionnels sur la question des violences sexuelles faites aux enfants ».

Interrogés aujourd'hui sur le travail de la première CIIVISE et le rapport final du juge Durand contenant 82 préconisations, maître Costantino et maître Grimaud dressent un bilan en demi-teinte.

Ils regrettent par exemple que la CIIVISE se soit immédiatement adossée à des associations féministes, ce qui, disent-ils, a eu pour effet d'invisibiliser les enfants au profit des « mères en lutte ». Ils regrettent également que les associations de protection de l'enfance qui œuvraient déjà depuis vingt, trente ou quarante ans, et à qui l'on devait tant d'avancées historiques en termes de protection de l'enfance, aient été mises à l'écart alors qu'elles auraient pu, en toute légitimité et toute compétence, être un appui pour la CIIVISE. À ce sujet, maître Grimaud « déplore, qu'à travers un tel choix, on ait pu laisser croire aux victimes que rien n'avait été fait avant l'avènement de la CIIVISE du juge Durand » et ajoute « comme il a lui-même fait croire aux victimes que plus rien ne serait fait pour elles après son départ de la CIIVISE, ce qui assurément est faux ».

Ils déplorent également le fait que le parti pris de la CIIVISE ait été de ne s'intéresser qu'à la question de l'inceste, passant sous silence bon nombre de violences sexuelles autres que l'inceste (et notamment les violences sexuelles commises sur les enfants handicapés en institutions), laissant de nombreux champs inexplorés.

S'agissant de ces grandes réunions publiques au cours desquelles d'anciennes victimes venaient livrer le secret d'un abus dans leur enfance, sous les applaudissements, maîtres Grimaud et Costantino restent perplexes. Ils reconnaissent quelques vertus à ces « grandes messes » : celle d'avoir permis non seulement à quelques personnes de libérer leur parole et de se sentir moins seules (même si on ignore tout de l'accompagnement offert à ces personnes ensuite), mais également celle d'avoir permis au plus grand nombre de réaliser le poids du silence et les effets dévastateurs de ces abus des dizaines d'années plus tard. Toutefois, ils disent avoir regretté parfois que ces réunions, comme par l'effet d'un prisme déformant, aient fait associer à l'image de l'inceste celle de victimes adultes condamnées au silence pendant de trop longues années… au point, disent-ils, qu'on semblait parfois oublier que chaque jour des enfants très jeunes parlent et dénoncent ces situations dans l'anonymat de leur cabinet, sans public, sans personne en soutien, et qu'ils doivent rester la priorité.

Mais c'est assurément sur la question de la « doctrine » édictée par le juge Durand : « Je te crois, je te protège » que maître Costantino et maître Grimaud se montrent le plus critiques. Ils voient dans cette formule une habileté de langage, une facilité démagogique, très éloignée de la fonction de juger, comme de la fonction de défendre.

Quand on demande à ces avocats quels ont été les apports concrets des travaux de la CIIVISE sur le traitement de ces affaires en justice, la réponse est nuancée. Les travaux de la CIIVISE ont à l'évidence inspiré le législateur pour améliorer la loi, ou compléter des dispositifs légaux qui avaient déjà été initiés en 2019. Ce point est en soi, et à lui seul, une avancée, signe que les mentalités changent et que la conscience sur la question des violences subies par les enfants s'est un peu réveillée. Maître Costantino et maître Grimaud citent en exemple les dispositions de l'article 378-2 du Code civil, modifié par la loi du 18 mars 2024. Cet article, modifié par le législateur au-delà des préconisations de la CIIVISE, prévoit désormais la suspension de plein droit des prérogatives parentales (autorité parentale, droits de visite et d'hébergement) à l'encontre du parent poursuivi, plus seulement pour tout crime commis sur la personne de l'autre parent, mais aussi pour une agression sexuelle incestueuse sur son enfant et pour tout crime commis sur la personne de son enfant. Cette avancée pourrait sembler majeure, mais passé l'effet « poudre aux yeux », l'analyse approfondie de la loi du 18 mars 2024 ne donne à voir que de très maigres progrès et des lacunes encore béantes…

Les deux avocats citent également en exemple le décret n° 2021-1516 du 23 novembre 2021, qui a créé un nouvel article dans le Code de procédure pénale (article D 47-11-3), lequel trouve à s'appliquer lorsqu'une personne est mise en cause pour le délit de non-représentation d'enfant. Lorsque ce parent soutient que la non-représentation d'enfant est justifiée par des violences de toutes natures commises sur l'enfant par le parent qui le réclame, le procureur de la République doit veiller à ce qu'il soit procédé préalablement, par lui-même ou par le tribunal saisi, à une vérification des faits avancés par la défense comme relevant de l'état de nécessité. Un dispositif réglementaire séduisant à première vue, mais d'application variable et aléatoire, concluent maître Costantino et maître Grimaud, pour qui la plupart des avancées sont restées souvent très modestes et les préconisations de la CIIVISE pour l'essentiel lettre morte, de sorte que l'économie générale du traitement de ces affaires demeure à ce jour inchangée.

Des lois pour protéger les mineurs en demi-teinte

Pour maître Costantino, il y a un véritable mouvement paradoxal sur l'évolution de la justice en ce qui concerne les violences faites aux enfants : on a d'un côté des évolutions législatives extrêmement positives (allongement de la prescription pour les violences sexuelles sur les mineurs à trente ans à compter de la majorité, élargissement de la définition du viol, élargissement de l'ordonnance de protection aux enfants du parent violenté, automaticité du retrait de l'autorité parentale en cas d'inceste et de crime, etc.), et de l'autre une résistance toujours aussi prononcée dans la manière d'appréhender les faits dénoncés de la part des magistrats, voire même dans le fait de mettre en application ces évolutions législatives, par des lectures plus rigides que jamais. Le droit est plus protecteur pour les enfants aujourd'hui, mais la façon dont sont traités les dossiers ne change pas véritablement.

À titre d'exemple, il y a la loi du 21 avril 2021[84] visant à mieux protéger les mineurs des crimes, des délits sexuels et de l'inceste. Selon maître Grimaud, cette nouvelle loi est très dense, d'une complexité excessive et contreproductive. Si quelques dispositions législatives ont été médiatisées et explicitées dans le débat public (telle que la clause dite « Roméo et Juliette », les éléments de définition de l'inceste ou encore les nouvelles règles de prescription), la majorité du contenu de cette loi reste partiellement méconnue des associations et des militants. Ils ne mesurent donc pas les contradictions de certaines dispositions les unes avec les autres, les imprécisions des règles et définitions, et donc leur inapplicabilité dans le quotidien judiciaire. En d'autres termes, et selon l'avocate, cette loi est de la « poudre jetée aux yeux des citoyens et militants » qui rend le travail judiciaire encore plus difficile. Maître Grimaud explique être confrontée à l'effet « pervers » de certaines dispositions de cette loi, notamment concernant la présomption de non-consentement à un acte sexuel pour les mineurs de moins de quinze ans quand l'auteur est majeur ou âgé de quatre ans de plus que la victime. Le juge n'a plus à rechercher les éléments dans le dossier pour caractériser une violence, une menace, une contrainte ou une surprise de l'auteur à l'encontre de la victime lors de l'acte sexuel imposé. Le juge est donc limité à la caractérisation de la preuve matérielle de l'agression sexuelle ou du viol. Mais comment prouver une caresse ou une fellation ? Autant d'actes qui ne laissent aucune trace sur le corps... Autant de classements sans suite ou de relaxes rendus depuis la nouvelle loi... Maître Grimaud affirme qu'en ayant soustrait au regard du juge de nombreux éléments psychologiques du dossier, ainsi que les éléments de contexte pour les réduire à la seule matérialité des faits, la loi a privé les juges de moyens pour condamner des faits qui auparavant l'étaient.

Pour maître Costantino, l'outil législatif doit être utilisé avec plus de rigueur intellectuelle et surtout avec plus de connaissance de la réalité judiciaire. Le législateur n'a aucune connaissance du fonctionnement du monde judiciaire, des conditions dans lesquelles des hommes et femmes travaillent sur ces dossiers. L'avocat

84. Cette loi a créé un seuil d'âge à 18 ans dans les cas d'inceste et à 15 ans dans les autres cas, avec un écart d'âge d'au moins 5 ans, en deçà duquel la contrainte de l'adulte sur l'enfant est présumée.

estime que les lois sont aujourd'hui suffisantes pour apporter la protection nécessaire aux enfants... Et pourtant les dossiers de maltraitances de toutes sortes sont toujours aussi nombreux, et leur traitement par la justice est de plus en plus difficile et aléatoire. C'est bien, selon lui, la preuve que plus de loi n'est pas la solution. Il faut changer les mentalités au sein de l'institution judiciaire et policière, donner plus de moyens aux professionnels pour traiter les plaintes et les juger. Trop de dispositions dans le Code pénal, le Code de procédure pénale, ou encore le Code civil, ne sont pas utilisées ou mal utilisées, et ce au détriment des enfants. Cependant, maître Costantino et maître Grimaud insistent, tous deux, pour dire qu'ils rencontrent de plus en plus de magistrats (surtout des juges des enfants) plus sensibilisés, plus ouverts et plus engagés sur la question de l'enfance maltraitée.

Encore trop de failles dans le système

Malgré les lois et l'engagement des nombreux professionnels de tous secteurs pour protéger les mineurs des violences, les deux avocats constatent encore beaucoup trop de failles qui mettent les enfants en danger. Des failles qui rendent le chemin de la protection judiciaire de l'enfant plus long, plus sinueux, mais pas impossible.

Maître Grimaud et maître Costantino s'accordent à dire que protéger un enfant en justice n'est pas impossible, à condition de connaître les failles du système judiciaire, le langage et les grilles de lecture propres à chaque professionnel gravitant autour de l'enfant, du policier à l'assistante sociale en passant par l'éducateur et le juge. Selon eux, on ne protège pas un enfant en combattant ou en dénonçant frontalement les failles du système, mais en les utilisant et en les contournant. Cependant, ce travail de protection est coûteux en diligences et en charge mentale pour l'avocat, mais aussi financièrement pour le parent protecteur.

Par exemple, le retrait de l'autorité parentale est un sujet omniprésent dans les dossiers traités par le cabinet. Si le législateur a simplifié et clarifié les conditions de retrait de l'autorité parentale, ce retrait demeure étroitement lié à la preuve d'une ou des violences faites à l'enfant ou à son parent par l'autre parent. Une preuve qui peut mettre du temps à émerger dans un dossier, alors que parfois le temps est compté pour un enfant. Pour contourner cette difficulté et éviter une mauvaise compréhension par le juge d'une demande de retrait de l'autorité parentale, maître Grimaud préfère, lorsque cela est possible, solliciter dans un premier temps une autorité parentale exclusive pour le parent protecteur sur une partie seulement des attributions de celle-ci et non leur intégralité. C'est ainsi que l'avocate peut, selon les situations, demander d'abord une autorité parentale exclusive sur les actes médicaux pour l'enfant et laisser les autres attributs en partage avec l'autre parent (décisions sur l'école, la religion ou l'éducation), et ainsi mieux garantir la prise en charge médicale et psychologique de l'enfant victime de violences.

Quelques avancées sont à l'œuvre pour essayer d'atténuer les faiblesses du système judiciaire. Maître Costantino et maître Grimaud citent à ce titre la création au 1er janvier 2024 de pôles spécialisés dans la lutte contre les violences intrafamiliales dans tous les tribunaux judiciaires et cours d'appel. Placés sous la responsabilité des magistrats coordinateurs spécialement formés aux violences intrafamiliales, ces pôles ont été pensés par le garde des Sceaux de l'époque (M. Dupont-Moretti) pour permettre « une action coordonnée et rapide de l'ensemble des acteurs de la chaîne judiciaire, mais aussi des partenaires extérieurs concernés par une même situation familiale (juge d'application des peines, juge des libertés et de la détention, juge des enfants, juge aux affaires familiales, conseillers pénitentiaires d'insertion et de probation, avocats, forces de police, associations d'aide aux victimes, soignants...). Ces pôles ont pour but un meilleur partage de l'information (date d'audience, de sortie de détention, mesure de protection mise en place pour les victimes, etc.) et une plus grande articulation entre les procédures civiles et les procédures pénales engagées à l'encontre des conjoints ou parents violents. Une création « séduisante » selon les deux avocats, mais dont la mise en œuvre est à ce jour très faible et l'efficience inopérante sur certaines juridictions. Maître Grimaud déplore le manque total de visibilité de ces pôles pour les avocats, qui d'ailleurs ignorent la plupart du temps l'identité du magistrat référent au sein du tribunal de rattachement de son barreau. Cette création n'a pas davantage, pour l'heure, amélioré le traitement des demandes d'ordonnance de protection déposées par leur cabinet au cours de l'année 2024. Maître Costantino souligne que plusieurs ordonnances de protection, initiées par leur cabinet, ont été rejetées dans des situations où les violences conjugales sont d'ordre psychologique, économique ou encore sexuelle, bien loin du « cliché » de la « femme battue ». Si dans les cas de violences physiques graves ou de menaces de mort, les magistrats n'ont aucun mal à délivrer une ordonnance de protection pour les autres formes de violences conjugales et intrafamiliales, le chemin de la protection demeure « un chemin de croix ». Maître Grimaud explique qu'elle engage de plus en plus de plaintes ou de demandes d'ordonnance de protection, en faisant prévaloir une situation de contrôle coercitif, une notion encore ignorée par une très grande majorité de magistrats. Seule une poignée d'entre eux est actuellement engagée dans la reconnaissance de cette notion, qui est à ce jour pourtant la plus à même de révéler l'invisibilité de nombreuses violences.

Au-delà de ces carences, c'est surtout le manque de moyens que maître Grimaud et maître Costantino dénoncent avec le plus de virulence. Ils ne comptent plus les téléphones grand danger non remis à leurs clientes (ou remis très tardivement) en raison du manque de disponibilité de ceux-ci (alors même qu'une ordonnance de protection a été prononcée pour leur cliente) ou les mesures d'assistance éducative non activées par manque de service éducatif, ou encore les actes d'instruction non engagés pour la recherche de telle ou telle preuve en raison d'une enveloppe budgétaire épuisée par la juridiction. Une situation qui devient chaque jour plus critique, une paupérisation de la justice qui leur semble inexorable au regard de la croissance du nombre d'affaires qui lui sont soumises chaque année, et dont les conséquences sont évidemment dramatiques pour certains enfants dont la protection dépend de la réactivité de la justice et des outils qu'elle seule peut déployer.

Des violences institutionnelles insupportables

Au cours de ces dix dernières années, maître Grimaud et maître Costantino relèvent une nette augmentation des violences institutionnelles à l'égard des enfants dans la pratique de leur cabinet. Des violences institutionnelles qu'ils ont fréquemment dénoncées auprès du défenseur des enfants (attaché au défenseur des droits), mais en vain. Ces violences apparaissent surtout dans les dossiers d'assistance éducative, c'est-à-dire lors de la prise en charge d'une situation par un juge des enfants et des services socio-éducatifs œuvrant à l'application de ses décisions (mesures éducatives, placement).

Maître Grimaud et maître Costantino dénoncent les clivages existants entre juridictions (entre juge des enfants et juge aux affaires familiales) ou entre services éducatifs. Par manque de coopération, la situation d'un enfant perd en visibilité et en lisibilité tant chaque professionnel vient y poser sa propre lecture, ses propres croyances et préjugés, ses propres dénis.

Maître Grimaud et maître Costantino dénoncent fermement ces situations où chaque acteur judiciaire et socio-éducatif œuvre sans se soucier des informations et des événements connus par un autre acteur, faisant ainsi le jeu des parents agresseurs pour qui le chaos est une arme qu'ils affectionnent et manient avec aisance et succès dans les procédures multiples engagées pour tenter de protéger l'enfant. À en croire maître Grimaud et maître Costantino, la scène judiciaire est malheureusement un « terrain de jeu » pour nombre de pères (et parfois de mères) désireux d'agir en destruction de l'autre parent, aidés en cela par l'hermétisme des procédures et l'enfermement des professionnels sur leur propre champ d'action (un enquêteur reste sur le volet enquête pénale, un éducateur sur la mesure éducative, un expert psychologique reste sur les seules déclarations des parents et enfants faites en deux heures de temps dans leur cabinet, etc.). Autant de professionnels qui, par leurs actions non concertées, contribuent à créer de la violence institutionnelle.

Or, cette violence institutionnelle n'est pas une fatalité, selon maître Grimaud et maître Costantino. Certains magistrats ont fait preuve d'une volonté exceptionnelle pour endiguer une telle violence. Tel est le cas des magistrats composant la cour d'appel de Poitiers, en créant des audiences au cours desquelles sont jugés dans un même temps le volet pénal, le volet civil et parfois le volet assistance éducative. Des audiences où peuvent se côtoyer juge pénal, juge aux affaires familiales et juge des enfants agissant sur une même et seule situation. Des audiences qui font obstacle à la cacophonie des professionnels, aux manipulations du parent agresseur, en permettant à une même information d'être entendue, lue et analysée dans un même moment, et ce au bénéfice de l'enfant. D'autres lieux et acteurs innovent pour endiguer cette violence institutionnelle faite aux enfants, comme certaines UAPED qui permettent à plusieurs acteurs de justice et de soin de se rencontrer et de s'écouter autour de la situation d'un mineur victime. C'est cette énergie créative qui guide maître Grimaud et maître Costantino dans la prise en charge des situations qui leur sont confiées au cabinet. Chaque jour, ils se représentent chaque intervenant dans ses compétences pour mieux les tourner vers l'enfant qu'ils doivent protéger. Ils se définissent d'ailleurs comme des « chefs d'orchestre » des actions menées autour de l'enfant pour mieux les traduire et les faire prospérer en justice, laquelle aura la charge de les valider pour une protection pérenne et opposable aux tiers.

Leurs actions visant à rallier les professionnels autour de leurs petits clients ou de leurs parents protecteurs n'est cependant possible qu'avec le concours de leurs confrères qui ont la charge de la défense des intérêts de l'autre parent. Des confrères qui font trop rarement passer l'intérêt de l'enfant au-dessus de celui de leur client. Maître Grimaud et maître Costantino pointent alors du doigt la responsabilité de leur profession, celle des avocats, dans certains dossiers concernant des mineurs. Leur formation est inexistante en matière de psychologie de l'enfant, leur connaissance des dynamiques des traumatismes chez l'enfant est nulle, ou souvent grossière. La qualité d'avocat de victime (mineure ou majeure) est encore trop souvent dénigrée et dévalorisée, ou à l'inverse convoitée et appréhendée par des confrères (souvent des consœurs) aux savoirs rudimentaires sur cette matière et dont l'attrait pour ce type de contentieux se réduit à une recherche de notoriété médiatique ou sur les réseaux sociaux.

Si la charge est souvent lourde envers leur profession, maître Grimaud et maître Costantino reconnaissent qu'ils ont fait des rencontres de confrères extraordinaires au cours de leur carrière, des hommes et des femmes dévoués à la défense des enfants, et avec lesquels ils ont pu œuvrer de concert sur des dossiers pour la protection de plusieurs enfants. Ils évoquent tout autant ces confrères et consœurs qui, bien qu'en charge des intérêts du parent agresseur, se sont révélés sensibles à leur approche pluridisciplinaire au bénéfice de l'enfant et ont su trouver les mots justes auprès de leur client pour les amener à accepter des interventions de soin et/ou éducatives nécessaires à la protection de leur enfant, malgré leurs agissements passés. Preuve que l'avocat peut, même en défendant l'auteur et sans pour autant trahir son mandat, sortir d'une logique judiciaire pourtant à l'avantage de son client, pour favoriser la protection de l'enfant. Néanmoins, de telles rencontres restent trop rares.

À la violence institutionnelle s'ajoute parfois la violence du système de défense qu'eux-mêmes mettent en place pour l'enfant. Maître Grimaud et maître Costantino affrontent sans détour la violence que leurs propres conseils peuvent parfois générer envers l'enfant et son parent protecteur. Ils expriment avec émotion, mais lucidité, les choix difficiles, parfois inhumains, qu'ils doivent faire pour la défense de leurs clients afin de leur obtenir une protection judiciaire pérenne. Des choix imposés par leur connaissance des logiques judiciaires, tout autant que de l'état d'esprit encore trop à l'œuvre au sein de la magistrature. C'est ainsi que maître Grimaud fait le récit de ces veilles de week-ends ou de vacances scolaires, qui chaque année lui semblent de plus en plus difficiles au cabinet, à l'occasion desquelles se pose la question de la présentation (ou non-présentation) de l'enfant de l'un de leurs clients à l'autre parent. Une question souvent posée tel un « SOS d'un parent en détresse », craignant pour l'intégrité de son enfant. La tâche de conseil est alors difficile, en ce qu'elle doit mesurer la gravité et l'immédiateté du danger auquel est exposé l'enfant ; tout autant que la gravité de l'exposition de son parent à la sanction judiciaire de son comportement, à savoir une poursuite pour non-représentation d'enfant et surtout un risque de transfert de résidence de l'enfant par l'autre parent. Alors, maître Grimaud, relayée parfois par maître Costantino, doit trouver les mots pour convaincre son client de présenter l'enfant, le temps d'avoir les armes suffisantes pour engager une action de protection efficace sur le moyen et long terme pour l'enfant. Maître Costantino déplore les conseils délivrés par certains de ses confrères et consœurs qui par facilité, parfois sans discernement, amènent leur client à ne pas présenter l'enfant en de pareilles circonstances, adhérant ainsi à leur client, sans se soucier des répercussions à moyen terme de telles non-représentations d'enfant. Car si l'enfant est pour quelques jours ou quelques semaines protégé du parent qui le violente, le système judiciaire ne manque pas de sanctionner le parent protecteur quelques semaines plus tard, souvent au classement sans suite des faits dénoncés, en l'enfermant dans la case « du parent défaillant et aliénant » pour confier la garde à l'autre parent agresseur. Maître Grimaud dit récupérer trop de dossiers marqués par ces décisions de bascule de résidence de l'enfant, intervenues à chaque fois par suite de non-représentation d'enfant. Des situations qui pourraient être plus rares si la stratégie de conseil et de défense se pensait autrement...

L'importance de nommer les choses

Maître Costantino et maître Grimaud livrent aussi combat sur le terrain de la sémantique. Ils dénoncent l'ère de la vulgarisation et du dévoiement de concepts cliniques dans lesquels le refoulement devient amnésie traumatique, où la conjugalité ne serait qu'emprise, ou encore tout événement de vie serait source d'un syndrome de stress post-traumatique. Ils dénoncent tout autant ces changements de vocabulaire parfois très contestables, imposés par une frange militante, qui donneraient l'illusion d'avancées. L'inceste se définit largement hors du cadre générationnel, pour y inclure notamment les partenaires du parent de l'enfant sans plus d'exigences, la pédophilie, parce qu'elle ferait référence à l'amour des enfants, est remplacée par la pédocriminalité, le terme d'« abus » sexuels, parce qu'il supposerait un droit, est banni, alors qu'il révèle la tromperie fondamentale... Face à cette évolution du langage appartenant au champ des violences, se dessine un vocabulaire plus lissé, au sein de l'institution judiciaire comme dans d'autres lieux de la protection de l'enfance : on ne dit pas agressions sexuelles mais comportements inadaptés, on ne parle pas de violences psychologiques mais de propos inadaptés ou inappropriés, on parle d'enfant témoin de violences conjugales et non de victime de violences conjugales, etc. Ainsi règne un certain chaos sémantique et langagier qui participe, selon les deux avocats, à une invisibilisation des enfants maltraités, quelle que soit la nature des violences subies. L'ère ne serait plus celle de la pensée complexe, de la rigueur théorique comme scientifique, mais bien celle de la communication victimaire. L'ère serait selon eux à la commission parlementaire/gouvernementale/indépendante, aux colloques associatifs, aux « formations » de toutes sortes et de toutes qualités. Maître Grimaud et maître Costantino ne manquent pas de dénoncer tout autant le pullulement des « experts autoproclamés » naviguant tantôt en adhésion des victimes tantôt au soutien des agresseurs, chacun au moyen de doctrines aussi dangereuses les unes que les autres. Un « je te crois » étant une doctrine ne valant pas mieux pour les deux avocats que celle relative à l'aliénation maternelle.

Pourtant, selon eux, aucune connaissance actuelle n'était ignorée du monde des professionnels de l'enfance en danger au cours des vingt ou trente dernières années : l'inceste et ses conséquences sont parfaitement connus depuis plus de trente ans, la clinique du refoulement des faits traumatiques connue depuis plus de cinquante ans, etc. Seule la clinique du syndrome du stress post-traumatique s'est affinée et développée au cours des dix dernières années, notamment grâce au rayonnement des travaux anglo-saxons en matière de diagnostic et de prise en charge des traumatismes.

Ce qui manque, selon les deux avocats, ce sont des grilles de diagnostic et de repérage « universelles », pouvant être autant utilisées par les magistrats que par les avocats ou les éducateurs, les policiers, les assistantes sociales et les médecins. La protection des enfants suppose un langage commun, juste, précis et sans excès. Maître Grimaud et maître Costantino estiment qu'un langage commun ne saurait être efficace que s'il vient intégrer les particularités psycho-affectives, comme intellectuelles, propres aux enfants par groupes d'âge. Ils sont trop confrontés dans leur quotidien d'audience à une totale méconnaissance chez de nombreux magistrats, tout autant que chez des professionnels éducatifs, des différentes étapes de construction des enfants. Peu connaissent la notion par exemple de « période de latence », un concept pourtant utile à la compréhension du développement du traumatisme sexuel chez les enfants victimes de violences sexuelles. Peu connaissent la physiologie du traumatisme et ses conséquences neuropsychologiques. Ce sont pourtant des connaissances indispensables pour comprendre la construction par l'enfant du récit de son vécu, et surtout les modes d'expression auprès des divers professionnels et au cours des différents stades de procédure. Tout un socle de connaissance qui devrait être commun à l'ensemble des professionnels ayant l'intérêt de l'enfant en charge, pour mieux partager un langage commun et donc des actions de protection dans le même et bon sens.

Chapitre 11

Au cœur de la protection de l'enfance

« Dans ma nouvelle famille, ils nous traitent comme des êtres à part entière, elle est toujours respectueuse. C'est vraiment une famille d'accueil, pas seulement quelqu'un qui est là et qui me regarde, un enfant placé est un enfant qui a besoin d'amour. »

« J'ai été en famille d'accueil de neuf mois à huit ans, ça ne se passait pas très bien. En famille d'accueil relais, j'ai eu des attouchements sexuels par l'un des membres de la famille, dès mon premier placement, il s'est passé cela. »

« C'est une famille d'accueil assez âgée, ils n'accueillent qu'un seul enfant à la fois, ça fait partie de leurs valeurs... Ils me donnent les mêmes droits et les mêmes responsabilités qu'à leur propre enfant, c'est une question de confiance. »

« On a ce qu'il nous faut, on se sent en sécurité, on se sent aimés par les choses qu'ils nous font, à travers le quotidien. J'ai de l'affection pour ma famille d'accueil. »

« J'ai fait au moins dix familles d'accueil. »

« Je suis allée dans une famille horrible qui ne faisait ça que pour l'argent... Quand j'utilisais trop d'électricité, je devais payer avec mon argent de poche. »

« Ça n'arrête pas de changer, ça vient, ça bouge. Je n'avais pas de chez-moi en fait, les familles avaient des congés, on allait dans d'autres, on faisait nos valises pour une semaine... On n'est pas des trucs qui se baladent pour que telle

personne aille en congé, on ne nous considère pas comme des êtres humains, c'est violent. »

« À partir de là, l'enfer a commencé, j'ai été victime de viols (quatorze ans). Nous avons été plusieurs jeunes à avoir été victimes, j'en ai parlé un an après quand j'ai changé de groupe. Les deux auteurs avaient le même âge, c'était souvent la journée, l'un dormait dans ma chambre. Il faisait des menaces, j'étais tétanisé, j'étais obligé de faire des fellations. Ça a duré à peu près un an... À l'audience, j'ai vu un enfant de six ans, ça m'a beaucoup choqué... J'ai eu plusieurs petits copains, mais j'ai des blocages pour avoir des relations sexuelles, j'ai l'impression de recommencer à faire la même chose. Pour le moment, je n'ai jamais réussi à avoir des relations sexuelles consenties. »

Les mineurs qui font l'objet d'un placement ou qui bénéficient d'une mesure éducative ont pour la plupart d'entre eux connu des violences au sein de leur famille, des négligences et ont des traumatismes importants. Dans ce chapitre, deux éducateurs vont nous raconter leur quotidien auprès de ces enfants et les difficultés rencontrées sur le terrain. Plus loin, à la fin de cette seconde partie, nous parlerons de la prostitution des mineurs de l'aide sociale à l'enfance à travers un projet artistique bouleversant pour sortir ces adolescentes de cet enfer et mettre en lumière la question de la prostitution des mineurs, car il est urgent de ne plus fermer les yeux pour sauver ces mineurs.

Piotr GUSCIORA

Éducateur spécialisé dans un service d'assistance éducative en milieu ouvert (AEMO)

Piotr Gusciora est éducateur spécialisé dans un service d'assistance éducative en milieu ouvert (AEMO) au sein d'une association à but non lucratif. Son parcours est atypique : il a commencé dans l'ingénierie de prototypage, travaillant avec des entreprises comme Airbus et Renault. Cependant, insatisfait des valeurs managériales et du traitement des employés, il a décidé de se tourner vers le secteur social, où il avait déjà une certaine expérience grâce à son engagement associatif et musical. Après la fermeture de son entreprise, il a repris ses études pour devenir moniteur-éducateur, puis il a refait une passerelle pour être éducateur spécialisé. Il a travaillé dans diverses structures, notamment des maisons d'enfants à caractère social où les enfants étaient placés, des services d'addiction avec l'association SATO de Picardie et avec des enfants autistes pendant environ cinq ans. Son objectif a toujours été la protection de l'enfance, ce qui l'a conduit à l'AEMO, où il travaille depuis neuf ans et quinze ans au sein d'une association. C'est ce parcours un peu hétéroclite qui l'a aidé à faire son cheminement et à vraiment savoir ce qui l'intéressait. Une approche différente avec un parcours de vie différent.

L'association pour laquelle il travaille dispose de plusieurs pôles :

- Un pôle de handicap : un institut médico-éducatif (DIME) qui accueille des enfants avec des troubles de spectres autistiques, ainsi que des polyhandicapés, et une maison d'accueil spécialisée (MAS) qui accueille aussi des adultes en situation de handicap.
- Un pôle accompagnement d'éducation spécialisée, un dispositif intégré des instituts thérapeutiques, éducatifs et pédagogiques (DITEP) avec des enfants qui présentent des troubles du comportement ; il y a aussi un service d'éducation spéciale et de soins à domicile (SESSAD), un service d'accompagnement médico-social pour adultes handicapés (SAMSAH). Ils accueillent en milieu ouvert, c'est-à-dire en assurant un suivi à l'extérieur, les personnes adultes en situation de handicap avec un projet précis. Le SESSAD, qui suit les enfants, est un dispositif lié au DITEP en milieu ouvert aussi bien à domicile qu'à l'école.

- Un pôle petite enfance qui accompagne des familles qui ont besoin d'avoir un soutien dans toutes les démarches nécessaires pour des enfants présentant un handicap : la pose de diagnostic, la construction d'un dossier MDPH, l'orientation vers des établissements spécialisés. Ces démarches peuvent être compliquées et les familles ne connaissent pas tous les dispositifs.
- Un pôle éducatif judiciaire mandaté par le juge des enfants dans un cadre judiciaire civil. Il y a le service AEMO dit classique et le service AEMO renforcé, s'occupant des adolescents de treize à dix-huit ans confrontés à des problématiques sévères (déscolarisation, prostitution, fugues, mises en danger) dans le département. Ces situations réclament un accompagnement beaucoup plus renforcé, d'où son nom. Piotr, en AEMO classique par exemple, fait en moyenne une visite toutes les trois semaines. Les éducateurs en AEMO renforcé en font à peu près une ou deux par semaine s'ils sont suffisamment nombreux et ne sont pas trop surchargés. Là, ils se centrent complètement sur l'enfant, pour travailler autour de sa problématique, réclamant plus de moyens qu'en AEMO classique.
- Les éducateurs interviennent également dans le cadre de la réparation pénale et de la médiation pénale pour les primo-délinquants mineurs (en cas d'alternatives aux poursuites ou de condamnations), en collaboration avec la justice. Le juge des enfants a deux casquettes : civile dans la mesure d'assistance éducative et pénale quand il y a des délits. En lien avec la protection judiciaire de la jeunesse (PJJ), il met en œuvre une réparation pénale pour les primo-délinquants. Ceux-ci mettent en application la mesure grâce à des partenariats afin de réparer le délit et d'être en lien avec les victimes pour également réparer les choses. Cela doit les aider à comprendre ce qu'ils encourent pénalement s'ils continuent dans cette voie.

Se former en permanence

La formation continue est essentielle dans le métier d'éducateur spécialisé. Piotr, par exemple, s'est formé sur l'accompagnement des familles en difficulté et les conflits parentaux ou encore sur le génogramme[85] pour mieux comprendre les problématiques intrafamiliales, transgénérationnelles ou intergénérationnelles. Il doit constamment s'adapter aux évolutions sociétales et législatives pour offrir un soutien adéquat aux enfants et aux familles qu'il accompagne.

Piotr fait un point hebdomadaire avec son service pour évoquer les différentes lois en lien avec la protection de l'enfance, ils font un tour de table afin de rappeler ce qui est indispensable pour adapter sa posture professionnelle dans une démarche éthique. Ses chefs de service viennent travailler ce sujet avec les éducateurs. Piotr estime que c'est de leur responsabilité, en tant qu'éducateurs spécialisés ou même pour d'autres métiers du social, d'avoir une veille professionnelle et juridique. Il n'est pas juriste, il ne va pas apprendre les lois sur le bout des doigts, mais il a l'obligation de les connaître parce qu'il n'est pas possible de travailler en dehors de la législation qui leur est imposée.

Les enjeux de l'AEMO

Le système de protection de l'enfance en France est composé de diverses mesures destinées à protéger les enfants en danger. Parmi celles-ci, l'assistance éducative en milieu ouvert (AEMO) joue un rôle crucial. Elle intervient lorsque le danger pour l'enfant est déjà identifié, mais qu'il est jugé préférable de maintenir l'enfant dans son milieu familial tout en assurant un suivi éducatif régulier, mais contraint. Les informations préoccupantes (IP), qui déclenchent ces interventions, proviennent de multiples sources comme les écoles, les centres sociaux et les hôpitaux. Ces IP sont recueillies et évaluées par la Cellule de recueil des informations préoccupantes (CRIP) qui déclenche une évaluation sociale. Cette cellule, composée de professionnels de divers horizons (travailleurs sociaux, psychologues...), analyse la situation et propose des mesures à prendre (assistant d'éducation, saisine du procureur, ou rien). Si la situation l'exige, une enquête sociale est menée pour approfondir la compréhension du contexte familial et des risques encourus par l'enfant. Dans les

---

85. Outil utilisé par les thérapeutes systémiciens permettant de fournir une représentation graphique de la structure familiale et d'ainsi mieux comprendre les relations entre les membres.

cas les plus urgents, le dossier peut être transmis au procureur de la République, qui peut alors ordonner des mesures immédiates de protection, telles que le placement en urgence de l'enfant, pouvant également émaner de signalements.

Lorsque le danger pour l'enfant est grave et imminent, les services de l'aide sociale à l'enfant interviennent rapidement pour placer l'enfant sous protection. Ce type de placement peut être décidé par le juge des enfants, souvent après une évaluation approfondie des risques par les services sociaux. Dans les situations dans lesquelles, malgré le danger repéré, les parents acceptent de l'aide *a minima*, l'AEMO travaille en étroite collaboration avec les familles pour réduire les risques et renforcer les compétences parentales. Les éducateurs jouent un rôle clé en fournissant un soutien régulier et en accompagnant l'évolution de la situation familiale. Ils sont souvent confrontés au déni des parents, qui peuvent ne pas reconnaître les problèmes ou être réticents à recevoir de l'aide. Effectivement, une mesure d'assistance éducative en milieu ouvert est une aide contrainte, imposée par le magistrat. Les éducateurs doivent alors naviguer entre la protection de l'enfant et le respect des droits parentaux, ce qui nécessite des compétences en communication et en médiation. Ils collaborent étroitement avec le juge des enfants pour adapter les réponses judiciaires et éducatives à chaque situation. Ces mesures peuvent inclure un suivi éducatif intensif, des visites régulières à domicile et des activités de soutien parental pour aider les familles à surmonter leurs difficultés.

Les éducateurs rencontrent fréquemment des cas de violences intrafamiliales, où les enfants sont à la fois victimes et témoins de maltraitance. Ces situations sont particulièrement complexes à gérer car la violence peut être physique, émotionnelle ou psychologique. La détection de ces violences est souvent difficile, parce que les enfants peuvent ne pas en parler par peur des représailles ou par loyauté envers leurs parents. De plus, les signes de maltraitance ne sont pas toujours évidents et peuvent être masqués par des comportements de l'enfant, tels que l'agressivité ou le repli sur soi. Ils ont une telle capacité de pouvoir « prendre des coups » aussi bien psychologiques que physiques… Le psychologique laissant souvent plus de traces à long terme. C'est très compliqué pour les éducateurs. Les mesures de protection visent alors à assurer la sécurité immédiate de l'enfant. Cela peut impliquer un placement chez des proches de confiance, dans une famille d'accueil, en maison d'enfants à caractère social ou en foyer d'accueil d'urgence. Dans tous les cas, l'objectif est de fournir un environnement sûr et stable pour l'enfant, tout en travaillant avec la famille pour résoudre les problèmes sous-jacents. Les éducateurs doivent également collaborer avec d'autres professionnels, tels que les psychologues et les médecins, pour évaluer les besoins de l'enfant et élaborer un plan de protection adapté. La prise en charge des enfants victimes de violences intrafamiliales nécessite une approche holistique qui inclut des interventions thérapeutiques, éducatives et juridiques.

Quand Piotr parle de danger, de risque imminent pour l'enfant qui nécessiterait un placement immédiat avant même de commencer une AEMO, cela correspond au passage à l'acte : des violences physiques graves, des privations de nourriture, un délaissement des parents, des violences sexuelles. Si l'éducateur qui commence une mesure constate un danger imminent de cette nature, il demande aux magistrats de faire une ordonnance de placement provisoire (OPP) pour mettre l'enfant en sécurité immédiatement.

Piotr nous donne un exemple : il va manger avec une jeune fille dans un espace de parole au restaurant un midi. Elle lui donne une lettre en lui décrivant toutes les violences que son père lui fait subir au quotidien et encore ce matin-là. Il y a un danger immédiat pour l'enfant, donc Piotr rentre au service, fait une note au magistrat en exposant les faits recueillis auprès de la mineure. Si le juge des enfants constate que ces faits sont d'une gravité immédiate, il ordonne le placement provisoire. Donc, le jour même, l'éducateur va chercher l'enfant au domicile ou, s'il est dans le service, il est confié directement à l'aide sociale à l'enfance ou, s'il y a possibilité, à un tiers digne de confiance. C'est-à-dire un membre de la famille ou un proche qui est en mesure d'accueillir cet enfant en dehors des parents pour qu'il reste le plus souvent dans la sphère familiale : ce peut être un oncle, une tante, des grands-parents. Cela évite au mineur un placement « sec » comme on dit, c'est plus rassurant pour lui et lui laisse la possibilité de rester dans la sphère familiale. Il faut que cette personne s'engage à prendre de la distance et à rester dans une certaine neutralité. Il ne s'agit pas de placer l'enfant dans une nouvelle cellule familiale dans laquelle il pourrait être confronté à des violences psychologiques néfastes pour lui. Au niveau des personnes tierces dignes de confiance, il faut voir si les conditions d'accueil, aussi bien matérielles que morales ou psychiques, sont adéquates pour pouvoir accueillir l'enfant dans de bonnes conditions. Après que cette OPP a été actée, le magistrat a quinze jours pour soutenir une audience pour valider ou invalider ce placement.

Le travail de Piotr est celui d'un équilibriste. Car lorsqu'un signalement est fait par l'enfant lui-même, un proche ou un partenaire comme l'école, il se retrouve souvent confronté au déni des parents concernant les faits reprochés. Il sait aussi que parfois les mineurs craignent de parler aux éducateurs par peur des représailles, car ceux-ci sont aussi en contact avec leurs parents. Piotr doit donc en permanence faire des choix sur ce qu'il va partager ou pas, s'il doit signaler ou pas. Mais il sait que si des éléments de suspicion sont bien présents, par exemple des violences sexuelles ou corporelles, il est préférable de procéder à une OPP ou un placement d'enfant pour le mettre en sécurité dans un premier temps. Ensuite, l'enquête permettra de vérifier la situation.

L'enjeu des jeunes majeurs

Selon Piotr, un des défis majeurs du système de protection de l'enfance concerne le sort des jeunes à leur majorité qui se retrouvent sans soutien structuré, ce qui peut les mettre en situation de grande vulnérabilité. Le manque de contrats jeunes majeurs et de financements spécifiques complique la transition vers l'autonomie. Ces contrats, lorsqu'ils existent, permettent aux jeunes de bénéficier d'un soutien éducatif et financier prolongé pour les aider à intégrer le marché du travail ou à poursuivre leurs études. Cependant, les ressources sont souvent limitées, et tous les jeunes n'y ont pas accès.

Certains jeunes réussissent à construire leur vie de manière autonome, grâce à leur résilience et à un réseau de soutien solide. D'autres, en revanche, nécessitent un accompagnement prolongé pour éviter de sombrer dans la précarité. Les éducateurs plaident fréquemment pour des prolongations de mesures afin d'aider ces jeunes à stabiliser leur situation socioprofessionnelle et à accéder à un logement indépendant. Cette transition est un moment critique, et les éducateurs jouent un rôle essentiel en fournissant des conseils, en aidant à la recherche de logement, et en facilitant l'accès à la formation professionnelle.

Piotr contacte aussi des assistantes sociales du secteur pour indiquer que tel jeune va arriver à la majorité. Il donne les coordonnées de toutes les personnes sur qui le jeune pourra s'appuyer pour pouvoir continuer à obtenir de l'aide. C'est l'aide sociale à l'enfance qui propose ces contrats jeunes majeurs. Parfois, c'est très compliqué de basculer d'une mesure judiciaire d'AEMO vers une prise en charge ASE.

Piotr se souvient d'un jeune homme placé en MECS (maison d'enfants à caractère social) à cause de ses parents violents qui allait devenir majeur. La réalité est parfois insupportable à dire, « bon, voilà, tu arrives à dix-huit ans, c'était super, on t'a donné tout ce qui est nécessaire pour pouvoir te préparer à une vie. Mais bon, là, tu n'as pas le choix, tu rentres chez tes parents ». Donc, on le renvoie dans le foyer où il a connu des violences physiques. Dans cet exemple, il n'a pas été possible d'avoir un contrat de jeune majeur.

Les éducateurs sont malgré tout aussi pris dans ce paradoxe, démunis face à la législation. Le meilleur moyen de suivre un jeune majeur, c'est le contrat jeune. Il ne s'obtient pas automatiquement, mais lorsque c'est le cas, ça peut vraiment les aider. Pourtant, parfois, ce sont les jeunes qui rompent le contrat, parce que continuer à être suivis par l'aide sociale à l'enfance ou d'autres services est lourd pour eux. Ils préfèrent alors se mettre en précarité que d'être encore suivis par des éducateurs.

En réalité, les éducateurs sont face à des multitudes de cas : parfois ça fonctionne, parfois ça ne fonctionne pas, cela peut être à cause des institutions, parfois à cause des jeunes eux-mêmes.

Chaque situation est unique, mais, pour Piotr, il manque vraiment un accompagnement adapté après les dix-huit ans. Pourtant cela lui semble essentiel pour rassurer les jeunes et les guider vers l'autonomie. Il existe des foyers de jeunes travailleurs, les missions locales ou encore les maisons de la solidarité qui offrent de l'aide et du soutien, mais cela reste insuffisant pour répondre à tous les besoins.

Comprendre le quotidien d'un accompagnement de mineur

Le quotidien des enfants accompagnés par les éducateurs est varié et complexe. Les enfants âgés de zéro à dix-huit ans, provenant de toutes les catégories socioprofessionnelles, peuvent vivre des situations de maltraitance, de négligence ou de conflits parentaux. Les éducateurs rencontrent des familles aux revenus divers, allant des chômeurs aux pilotes d'avion. Les conflits parentaux, souvent liés à des séparations difficiles, impactent grandement les enfants. Les enfants, pris au milieu de ces conflits, souffrent fréquemment d'une absence de communication entre leurs parents.

Les éducateurs cherchent à offrir aux enfants un espace de parole pour exprimer librement leurs besoins, leurs expériences, leur situation. Dans le cadre de la loi de 2016[86], ils travaillent en collaboration avec les parents pour réduire les dangers identifiés et, si possible, éviter le placement des enfants et les maintenir dans leur milieu de vie. Cependant, dans les cas extrêmes, un placement peut s'avérer nécessaire, bien que traumatisant pour les enfants. Certains enfants, malgré les difficultés, remercient les éducateurs pour leur aide, tandis que d'autres, surtout les adolescents, peuvent rejeter cette intervention.

Les éducateurs vont adapter à l'âge des enfants les espaces de parole et les activités avec des sorties, des activités de prévention au service, des activités manuelles, sportives, culturelles.

---

86. La loi de 2016 a complété les missions de l'aide sociale à l'enfance pour l'intérêt de l'enfant. L'ASE doit veiller à la stabilité du parcours de l'enfant confié, à l'adaptation de son statut sur le long terme et au maintien des liens qu'il a noués avec sa fratrie.

Cette année, son service a proposé un transfert, c'est-à-dire un séjour de trois-quatre jours à Guédelon, pour pouvoir amener des enfants qui ont besoin d'activités bien spécifiques en dehors de la cellule familiale. Mais Piotr travaille également au sein du domicile des mineurs ou encore avec des partenaires comme l'école. S'il y a des problématiques à l'école : est-ce que c'est aussi dû à des carences éducatives des parents ? Le système éducatif qui met l'enfant en échec ? Les parents qui ont du mal à poser un cadre ? Dans ce cas, il travaille sur le comportement de l'enfant. Il intervient aussi avec des professionnels pour dispenser des soins aux enfants, en lien avec les hôpitaux, les CMPP.

Piotr doit parfois travailler avec des enfants ou des adolescents victimes d'addiction (alcool, drogue, sexe). C'est une vraie problématique, voire un fléau. À cela s'ajoutent les réseaux sociaux qui mettent l'enfant en danger aussi à l'extérieur du domicile. Cela peut venir des comportements de l'enfant lui-même ou des parents. Piotr suivait une famille dans laquelle la maman a filmé son enfant avec une de ses cousines complètement dénudée. Elle a posté cette vidéo à caractère pédopornographique sur des réseaux sociaux et celle-ci a été repartagée sans aucun contrôle.

Placer un enfant peut sembler la pire option puisqu'on le sépare de sa famille, pourtant c'est parfois réellement indispensable pour les protéger. Piotr se souvient notamment d'une fois où les gendarmes ont dû intervenir pour quasiment kidnapper les enfants que leur famille ne voulait pas laisser. Ils étaient victimes d'une mère violente. Une fois dans la voiture du service, ils ont dit : « Merci, on n'en pouvait plus. » Dans ces moments-là, Piotr se dit qu'il a rempli sa mission. Même si le placement reste l'ultime recours. À l'inverse, Piotr peut se trouver face à des enfants, surtout certains adolescents, qui disent : « Moi, j'ai besoin de personne, moi, je n'ai pas besoin de votre aide, donc je ne serai pas dans l'adhésion. » Piotr ne lâche rien, même avec ces enfants. C'est le cas d'un adolescent complètement déscolarisé. Il n'a aucun souci chez lui ni avec ses parents. Mais depuis un an, il n'a livré que quatre phrases. Piotr tente par tous les moyens de comprendre pourquoi cet adolescent refuse d'être scolarisé. Malgré le refus de l'enfant d'être aidé, Piotr continue à lui proposer des espaces de parole, des sorties, des recherches de stage, d'école. Dans cet exemple, les parents sont très présents, mais ce n'est pas toujours le cas.

La relation complexe avec les parents

Certains parents vont être dans le refus total et ne vont pas ouvrir la porte du tout aux éducateurs. Piotr est obligé parfois de faire des notes, au bout de deux, trois mois, au juge des enfants pour l'en informer. Il ne peut rien faire d'autre, c'est ensuite au magistrat de rédiger des courriers par le biais des forces de l'ordre pour faire en sorte qu'ils ouvrent la porte et pouvoir adhérer à la procédure.

Piotr se trouve aussi de plus en plus souvent face aux violences de certains parents à son encontre. Les insultes sont de plus en plus fréquentes, ce qui est problématique. Dans ce cas, la première étape est de reposer le cadre avec les parents. La seconde étape est une réunion de recadrage en présence du chef de service. Et l'ultime étape est le dépôt de plainte. Il est déjà arrivé que l'une de ses collègues dépose plainte pour menaces de mort. Incluant parfois l'ensemble du service d'AEMO ainsi que le magistrat saisi, les menaces de mort sont systématiquement transmises au magistrat par le biais de notes spécifiques pour qu'il puisse connaître le positionnement de ces personnes.

Piotr peut aussi se sentir démuni face à des parents qui font des adhésions de façade en se disant : une fois qu'ils ne seront plus là, on recommencera à faire comme on le souhaite.

D'autres parents ne sont pas en adhésion tout de suite, mais ils prennent conscience des difficultés de l'enfant, ils ouvrent les yeux et, là, ils font un super travail. Son métier, c'est aussi d'aller chercher cette adhésion de la famille. Il est là pour leur apporter son aide et ses conseils, pas pour les juger : vous rencontrez une difficulté, travaillons cette difficulté ensemble dans l'intérêt des enfants. Proposons aux enfants un cadre de vie adapté pour qu'ils puissent s'épanouir dans les meilleures conditions.

Lorsqu'une famille adhère aux mesures de protection de l'enfance, reconnaît ses difficultés et collabore, les progrès peuvent être rapides et significatifs. Un cadre clair et une communication honnête entre les parties permettent de mettre en place des solutions adaptées. Comme le soutien éducatif, l'accès aux activités culturelles et sportives, ou encore des aides financières pour améliorer les conditions de vie des enfants.

Son rôle est de donner le maximum de clés, d'outils et de conseils judiciaires, physiques ou matériels :

- aides financières ;
- aides pour des colonies de vacances ;
- autres associations ;
- infos sur les CCAS[87] ;
- soins psychologiques pour eux, via des thérapies familiales ;
- accompagnement au budget familial MJAGBF[88] ;
- mesures administratives s'il n'y a pas de contrainte[89].

Piotr a aussi le même rôle que le médecin généraliste qui va pouvoir les orienter pour qu'ils puissent faire eux-mêmes cette démarche. Vous avez besoin de quoi ? Quelle est la difficulté que vous avez ? Il y a dans le droit commun des instances qui peuvent vous aider. Pour les éducateurs, le but du jeu, c'est de rester le moins longtemps possible avec les familles et de faire en sorte qu'elles connaissent toutes ces ressources disponibles. L'objectif n'est pas de faire à leur place, mais c'est plutôt de les amener à prendre conscience de l'existence de certaines démarches, de les faire découvrir et de les sensibiliser à leur nécessité pour l'enfant, afin qu'elles puissent les réaliser elles-mêmes. Piotr les aide à constituer leur propre boîte à outils adaptée à la dynamique familiale et au fonctionnement du parent. Il est préférable de créer avec les parents les outils dont ils ont besoin pour remplir leur boîte à outils, afin qu'ils puissent sortir l'outil nécessaire lorsqu'ils sont confrontés à une situation. Si un parent propose une méthode différente qui atteint le même résultat, c'est tout à fait acceptable. L'important est d'arriver à la même finalité dans l'intérêt de l'enfant, pour qu'il se développe bien et soit en sécurité.

---

87. Les centres communaux d'action sociale.

88. La mesure judiciaire d'aide à la gestion du budget familial (MJAGBF) est une mesure de protection de l'enfance qui s'exerce auprès des parents, dans l'intérêt de l'enfant, par la gestion des prestations familiales.

89. Dans le cas où une mesure est redirigée vers une AED (assistance éducative au domicile) contractualisée avec le département via l'aide sociale à l'enfance, il n'y a plus d'intervention du juge de l'enfant.

L'objectif au quotidien est d'aider les parents et les enfants, même si certains parents sont réfractaires, peuvent menacer ou insulter.

Une situation de plus en plus complexe

Piotr note qu'il y a de plus en plus de mesures et que les situations sont de plus en plus dégradées. Bien que les chiffres de leur association restent stables au niveau du nombre des mesures, même si parfois ils font face à des arrivées massives. Il manque souvent d'informations précises au début car il intervient une fois les mesures instituées par le magistrat. Il souligne la nécessité de renforcer la prévention des risques et des différentes formes de maltraitance envers les enfants, puisque les mesures sont de plus en plus critiques.

Les partenaires peuvent parfois attendre une récurrence avant de faire un signalement car les événements sont minimisés par l'enfant ou car les faits ne sont pas clairs. Par exemple, une jeune fille ayant quitté le domicile familial a dénoncé les problèmes s'y déroulant pour protéger sa fratrie. C'est alors le foyer de jeunes travailleurs dans lequel elle était qui a fait une information préoccupante conduisant à une enquête sociale. Les enquêteurs ont identifié qu'une AEMO était en cours dans cette famille pour le reste de la fratrie. Après s'être mis en relation avec le service d'AEMO afin de savoir s'ils avaient constaté les faits que la jeune majeure avait dénoncés. Seulement, pour certains, Piotr n'en avait pas connaissance. L'aide sociale à l'enfance (ASE) s'est dessaisie de l'IP au profit de l'AEMO. Piotr était consterné puisqu'il estime que si l'ASE avait poursuivi les investigations, cela aurait été bénéfique pour la famille et l'AEMO en cours.

Cependant, il note que les travailleurs sociaux ne peuvent pas tout voir et que les familles peuvent cacher des informations. L'ASE devrait traiter les informations préoccupantes, même s'il y a une mesure d'assistance éducative. Parfois, ils leur délèguent cette tâche, ce qui complique le travail et peut biaiser le travail du service éducatif. Il souligne la nécessité de collaboration entre les services pour assurer une prise en charge adéquate et éviter la détérioration des situations.

Les mesures judiciaires ont également des limites : celles-ci apparaissent lorsqu'une famille ne se remet pas en question, rendant difficile le travail sur la problématique de fond. Des contraintes structurelles, telles que le nombre élevé de dossiers à gérer et le manque de moyens, ajoutent par ailleurs des difficultés. Malgré une organisation stricte et des réunions d'équipe pour réévaluer les suivis, il reste parfois impossible de surmonter certaines résistances ou limitations parentales.

Un rythme effréné

D'habitude, Piotr doit gérer vingt-huit mesures, soit vingt-huit enfants, qu'ils soient frères et sœurs ou non. Malheureusement, il dépasse toujours ce chiffre car, comme dans tout service ou travail, il y a des arrêts maladie et des personnes qui changent de service, nécessitant des remplacements qui prennent du temps. De plus, il y a des fluctuations dans le volume des mesures : pendant quelques mois, cela peut être calme, puis des arrivées massives de mesures sont envoyées par les magistrats. Son service pourrait bloquer les mesures à partir du moment où il a atteint son quota (c'est-à-dire 1 000 par an) comme le font certains services de son département. Mais leur politique est de dire qu'il est impossible qu'une mesure puisse être mise en attente quand un enfant est en danger au sein de sa structure familiale. Donc, les éducateurs peuvent avoir une surcharge. Il est tout de même arrivé dans des cas extrêmes que le service ait mis en attente des mesures éducatives, en ayant prévenu les magistrats et les organismes de tarification.

En moyenne, Piotr visite les familles toutes les trois semaines. Cependant, il peut y avoir des cas plus compliqués : grande fratrie, problématiques importantes, risque de danger. Dans ces situations, il va dans les familles une fois par semaine, ce qui correspond à de l'AEMO renforcée. Il est également davantage en contact avec les partenaires, il téléphone souvent aux familles. Il est dans une extrême adaptabilité pour pouvoir répondre en fonction de la situation singulière à un moment précis car une situation peut d'un seul coup devenir un danger immédiat. Piotr va accentuer son intervention pour faire redescendre la pression qui règne dans la famille. Pendant un temps, tout peut aller bien, puis se dégrader de nouveau. Il est toujours en train de jongler, tout en poursuivant le plus possible des interventions toutes les trois semaines au domicile.

Piotr est également pris dans son emploi du temps par les tâches administratives. En effet, dans les mesures judiciaires, tout ce qui se passe doit être consigné par écrit : chaque rencontre, coup de téléphone, réunion partenariale et audience est documentée dans un dossier protégé et sécurisé de la famille accompagnée. Cela prend énormément de temps car un magistrat, pour les besoins d'une enquête pénale, peut à tout moment saisir le dossier pour vérifier le déroulement de l'accompagnement, comme cela est arrivé dans son association lors d'un infanticide. Le magistrat s'assure qu'il n'y a pas eu de carence lors de l'accompagnement ou de signes d'un risque de passage à l'acte afin de le joindre à l'enquête.

Dans le cadre judiciaire, quand l'éducateur rédige un rapport pour le juge des enfants, il doit s'appuyer sur des éléments concrets. Il est impartial, notamment en cas de conflits parentaux, et se doit de rester clair et précis. Malgré sa bonne mémoire, il lui serait difficile de pouvoir se rappeler dans les moindres détails des échanges, lors de la rédaction de son rapport au bout d'un an sans le dossier du mineur mis à jour continuellement. De plus, en cas d'absence, un collègue peut consulter le dossier pour assurer une continuité de service. Les réunions institutionnelles hebdomadaires, les audiences, les réunions avec les partenaires, ainsi que les activités et les rencontres avec les enfants et les parents prennent également beaucoup de temps, surtout avec le nombre croissant de familles monoparentales ou séparées, ce qui multiplie aussi le nombre de visites.

Selon Piotr, la société évolue, et avec elle, les pratiques éducatives. Les éducateurs actuels ne travaillent plus comme il y a vingt ans. Les nouvelles législations, bien que bénéfiques pour poser un cadre, augmentent leur charge de travail. Par exemple, une sortie à la mer nécessite désormais une autorisation parentale signée, une procédure du service qui détaille l'action éducative. Cela enlève un peu de spontanéité, mais est nécessaire pour la légalité et l'information des parents.

Un travail d'équipe pour plus d'efficacité

L'évolution des législations, comme la loi de 2002-2[90] qui donne plus de place à l'enfant ou la loi de 2016[91] qui ouvre la parole aux parents, avec la réaffirmation du projet pour l'enfant[92], va dans le bon sens. Ces lois permettent de centrer l'accompagnement sur l'enfant. Un cadre clair rassure l'éducateur et évite les débordements, bien que ceux-ci puissent survenir dans n'importe quel service de protection de l'enfance. Malgré tout, les éducateurs, en tant qu'êtres humains, peuvent commettre des erreurs, bien qu'ils s'efforcent de faire de leur mieux pour protéger les enfants et les personnes vulnérables.

D'où l'importance des réunions d'équipe pour faire un point régulier, notamment sur les projets pour l'enfant. Les éducateurs évoquent les moments où ils se retrouvent seuls. Sur le terrain, l'éducateur est seul avec les partenaires, les familles et les magistrats.

Toutefois, il a une équipe derrière lui. Piotr peut solliciter à tout moment un cadre technique, comme une psychologue du service, pour exposer certains faits. Par exemple, s'il rencontre une difficulté lors d'une visite familiale, il peut demander : « Quelle décision allons-nous prendre ? Est-ce que nous écrivons au juge des enfants, est-ce que nous faisons un placement, est-ce qu'on oriente différemment et est-ce qu'il va falloir trouver d'autres partenaires ? » Il peut aussi envisager une co-intervention avec un autre éducateur ou une animatrice de service pour accélérer le travail. Ces discussions ne se limitent pas aux réunions, mais durant celles-ci, ils présentent les différents cas cliniques pour bénéficier de plusieurs perspectives. Parfois, une audience anticipée avec le magistrat est nécessaire pour reprendre les choses en main.

Pour les rapports, l'éducateur les rédige, mais suit d'abord les directives du chef de service et de la psychologue. Au début de la mesure, ils définissent ensemble les objectifs. Il élabore

---

90. Loi n° 2002-2 du 2 janvier 2002 rénovant l'action sociale et médico-sociale.

91. Loi n° 2016-297 du 14 mars 2016 relative à la protection de l'enfant.

92. Ministère de la Santé, « Proposition de trames de projet pour l'enfant et de rapport de situation », *sante.gouv.fr*.

un projet d'intervention à deux mois en fonction des premières rencontres avec la famille et des objectifs du magistrat. À trois mois, il prépare le projet pour l'enfant en collaboration avec les parents. Des bilans semestriels ou trimestriels sont également effectués avec la psychologue pour évaluer les progrès. Un tour d'horizon est effectué en fin de mesure avec le chef de service et la psychologue.

Il peut aussi y avoir des moments positifs où l'éducateur et l'équipe décident de valoriser les progrès de la famille. Par exemple, si une mesure de six mois a été bouclée en trois, ils peuvent proposer un arrêt anticipé, montrant ainsi aux parents qui ont pris conscience des enjeux qu'ils ont très bien travaillé et qu'il n'est pas nécessaire d'aller plus loin.

L'éducateur et l'équipe cherchent à être constamment vigilants et réactifs, ajustant les actions en fonction des besoins de l'enfant, qui peuvent évoluer tout le long de la mesure éducative.

Valoriser les acteurs de la protection de l'enfance

Piotr pense qu'il est nécessaire que les politiques accordent plus d'importance à la protection de l'enfance.

Les magistrats sont surchargés, mais ils font de leur mieux pour assurer des décisions et des jugements les plus justes en raison du nombre élevé de dossiers à traiter. Par exemple, dans des départements comme la Seine-Saint-Denis, les associations mettent des mesures en attente pendant des mois à cause du manque de moyens.

Le manque de ressources touche également les associations et l'ASE. Les référents ASE ont la charge d'un trop grand nombre d'enfants, rendant impossible un suivi de qualité. Le métier d'éducateur spécialisé n'est plus attractif en raison des conditions de travail et des salaires insuffisants. Cela se traduit par des difficultés de recrutement, mettant en péril la prise en charge des enfants.

La valorisation des métiers de la protection de l'enfance est essentielle pour attirer de nouveaux professionnels. Des mesures, comme la prime Ségur[93], sont un pas dans la bonne direction, mais insuffisantes face à l'inflation et aux conditions de travail difficiles. Les concours pour devenir éducateur spécialisé attirent de moins en moins de candidats, ce qui est alarmant pour l'avenir du secteur.

Les politiques doivent être cohérentes et dotées des moyens nécessaires pour fonctionner efficacement. Créer de nouvelles mesures semblables à celles qui existent sans les financer correctement ne résout pas les problèmes. Il est crucial de soutenir les structures en place avant de proposer de nouvelles solutions.

Les délais d'attente pour les soins psychologiques des enfants sont un autre problème majeur, avec des temps d'attente de huit mois à un an dans les centres médico-psycho-pédagogiques (CMPP). Ces délais sont incompatibles avec les besoins immédiats des enfants en difficulté.

Enfin, une meilleure coordination entre les juges des enfants et les juges aux affaires familiales pourrait réduire les délais de traitement des dossiers, évitant aux familles des mois d'attente et d'incertitude. Une audience conjointe pour statuer sur l'ensemble des aspects d'un dossier permettrait de gagner du temps et de clarifier les situations familiales plus rapidement dans les cas de conflit parentaux tout en venant protéger l'enfant au plus vite.

En conclusion, il est urgent de revaloriser les métiers de la protection de l'enfance, de fournir les moyens nécessaires aux structures existantes, et également d'améliorer la coordination entre les différentes instances judiciaires et administratives pour offrir un meilleur soutien aux enfants et aux familles. Il faut que la justice puisse avoir les moyens d'aller « chercher » les parents qui ne se soumettent pas aux décisions judiciaires et ne prennent pas en compte l'intérêt supérieur de l'enfant.

93. Une revalorisation du salaire, à travers une prime à tous les salariés, a été étendue à l'ensemble des structures de la branche associative sanitaire, sociale et médico-sociale.

Le système de protection de l'enfance en France, bien que complexe et imparfait, s'efforce de répondre aux besoins des enfants en danger. Les éducateurs jouent un rôle crucial en évaluant les risques, en soutenant les familles et en collaborant avec les autorités judiciaires pour garantir la sécurité et le bien-être des enfants.

Les défis restent nombreux, notamment en matière de ressources et de suivi des jeunes majeurs, mais l'engagement des professionnels est essentiel pour améliorer les conditions de vie des enfants vulnérables. Piotr souligne l'importance de la collaboration interprofessionnelle et la nécessité d'un financement adéquat pour assurer la pérennité et l'efficacité des mesures de protection. En dépit des obstacles, les efforts continus des éducateurs et des travailleurs sociaux contribuent de manière significative à la protection et au développement des enfants, en leur offrant des perspectives plus sereines et en leur permettant de reconstruire leur vie dans un environnement plus sécurisant et bienveillant.

Pour rappel, la Convention nationale des associations de protection de l'enfant (CNAPE) annonce les chiffres suivants concernant les enfants en France :

- En 2023, environ 3 000 enfants vivent à la rue ;
- En 2024, 130 000 enfants pourront subir de violences sexuelles ;
- Fin 2023, 3 350 sont sur liste d'attente de leur mesure de placement ;
- En 2023, 8 000 anciens enfants placés seront sans domicile ;
- En 2023, 10 000 jeunes seront abandonnés à leur sort à leur majorité malgré la loi ;

Et combien d'autres enfants sont en danger dans leur famille sans que nous le sachions ?

Isabelle Seva-Boismoreau
Ancienne éducatrice spécialisée en protection de l'enfance
Cofondatrice et secrétaire de l'Union nationale des familles de féminicides

Isabelle a travaillé plus de vingt-cinq ans en tant qu'éducatrice spécialisée au sein de la protection de l'enfance. Elle s'occupait des enfants placés sous décision judiciaire. Elle a été aussi spécialisée dans les contrats jeunes majeurs de dix-huit à vingt et un ans. Elle a toujours été rattachée à la protection de l'enfance du département (fonctionnaire du département). Aujourd'hui, elle est à la retraite. Par suite du féminicide de sa cousine, elle a fondé, avec Sandrine Bouchait, l'Union nationale des familles de féminicides pour venir en aide aux familles de féminicide.

Dans un premier temps, Isabelle a travaillé dans un foyer d'accueil d'urgence, puis comme référente à l'aide sociale à l'enfance.

Toujours plus avec toujours moins

Isabelle nous explique que la base du travail d'un éducateur spécialisé est de maintenir ou restaurer les liens entre l'enfant et le parent : même si le parent est schizophrène ou violent, il faut maintenir le lien à tout prix. Le but est que l'enfant retourne chez ses parents. La loi est faite comme cela, ce sont les liens du sang qui priment avant l'intérêt supérieur de l'enfant. Isabelle est très en colère par rapport à cette doctrine car, dans de nombreuses situations, la famille était le pire endroit pour l'enfant. À travers son expérience, Isabelle a pu s'apercevoir de la maltraitance d'un père ou d'une mère, elle a vu l'horreur qu'on pouvait faire subir à un enfant. Selon elle, il est temps d'arrêter de croire qu'il n'y a rien de mieux que la famille. Isabelle a constaté que c'est surtout l'intérêt du parent qui prime au niveau de la justice.

Pour Isabelle, il n'y a pas toujours de la mauvaise volonté de la part du département. Il n'y a pas de budget et les placements de mineurs ne cessent de croître : Isabelle est passé de 40 à 110 dossiers par an. Il n'est pas possible de gérer correctement autant de dossiers, ce qui fait qu'on s'occupe moins bien des enfants. Isabelle nous raconte que le département où elle a travaillé avait à cœur de s'occuper des enfants placés. Au fur et à mesure des années, elle a vu les conditions de travail se détériorer : il manquait de plus en plus de moyens humains et financiers alors que le nombre d'enfants placés était sans cesse en augmentation. Les services sociaux sont en bout de course : ils ont connaissance du dossier du mineur une fois qu'il est placé. Si les services sociaux ne sont pas mandatés par la justice, ils ne peuvent rien faire.

Il est important de souligner que beaucoup de travailleurs sociaux sont passionnés par leur métier, mais elle a constaté un changement au niveau des directeurs, ils venaient moins du terrain et de plus en plus d'écoles : des profils très administratifs et moins humains. L'humain s'acquiert sur le terrain. Les enfants placés sont souvent des enfants très abîmés, qui ont vécu l'horreur au sein de leur famille avec des psycho-traumatismes importants. Il faut l'avoir vu pour pouvoir mieux le comprendre et l'appréhender. Il y a certaines choses qu'on acquiert avec l'expérience de terrain et aussi au contact d'autres professionnels, comme les psychologues qui expliquent bien les traumas des mineurs.

La violence dans les foyers

Il y a beaucoup de violences entre mineurs dans les foyers, notamment des violences sexuelles. Certains mineurs qui arrivent dans les foyers ont des troubles psychiatriques, dus aux violences qu'ils ont subies, et les structures ne leur sont pas forcément adaptées car ils ont besoin d'un suivi médical psychiatrique. De nombreux mineurs placés ont subi l'horreur au sein de leur famille et mettre tous ces enfants ensemble, dans un même endroit avec peu de moyens humains et financiers, ne peut que générer des violences supplémentaires. Ce sont des enfants qui ont besoin d'individualisation.

Lorsqu'Isabelle constatait des violences sexuelles entre mineurs, elle faisait un rapport qu'elle envoyait immédiatement au référent ASE pour faire un signalement au juge des enfants. Le problème qui se pose, c'est que, par manque de place, souvent ces mineurs restent ensemble. Et quand ces mineurs sont changés de foyer, ce n'est pas forcément mieux ailleurs. C'est juste que le problème est déplacé faute de trouver une meilleure solution. Isabelle a eu trois accidents de travail liés à des agressions volontaires ou involontaires de mineurs sur elle. Elle ne compte pas toutes les agressions physiques qui n'ont pas nécessité d'arrêt de travail...

Concernant la prostitution dans les foyers, il y a vingt-cinq ans, Isabelle en avait déjà constaté. C'était déjà très prégnant chez les adolescentes, notamment celles qui avaient été victimes d'inceste. Il était très difficile d'agir pour aider ces adolescentes car, à l'époque, il y avait peu de moyens pour leur venir en aide. Souvent, elles ont des permissions de sortie la journée et certaines revenaient plusieurs jours après. Il n'est pas possible de les enfermer 24 heures sur 24. Il y a une forme d'impuissance à leur venir en aide par manque de moyens. Cela n'a cessé de prendre de l'ampleur.

Les préconisations d'Isabelle pour améliorer l'ASE

- Il faut davantage de formation, notamment sur l'emprise et le contrôle coercitif dans le cadre de violences conjugales. Avec le recul, Isabelle comprend mieux certaines histoires où il est difficile pour la mère de protéger l'enfant. Elle appréhende également mieux les procédures judiciaires.
- Il faut que les éducateurs soient formés aux signaux faibles des violences conjugales pour mieux protéger l'enfant.
- Il faut des formations continues pour mieux appréhender les violences conjugales. Il est impératif de se remettre en question dans l'intérêt de l'enfant pour toujours faire mieux.
- Il est nécessaire d'améliorer les conditions de travail du personnel de l'ASE et de revaloriser le salaire des travailleurs sociaux.

Chapitre 12

Les soins en psychotraumatisme : un enjeu majeur pour les mineurs victimes

Alvarez Luiz
Psychiatre et pédopsychiatre à l'American Hospital of Paris et à la clinique des Femmes
Ancien chef de clinique à l'hôpital Necker
Auteur des livres Psychologie et psychiatrie de la grossesse *(Odile Jacob, 2015) et* Psychiatrie du bébé *(PUF, 2020)*

La violence intrafamiliale est un enjeu de santé publique. Les témoignages des victimes dans la première partie permettent de mieux comprendre les répercussions des violences dans le cercle familial pendant l'enfance et à l'âge adulte. Et surtout à quel point les traumatismes qui en résultent peuvent détruire une vie. Il est primordial que les mineurs victimes de maltraitance puissent accéder, dès le plus jeune âge, à des soins de qualité pour se réaproprier leur vie après le trauma, rétablir leur développement et faire d'eux les acteurs principaux de leur parcours. Plus la prise en charge s'effectuera tôt plus sa qualité de vie sera améliorée rapidement.

Depuis quelques années, les enfants victimes directes des violences intrafamiliales sont devenus visibles au sein de notre société. Ils sont 400 000 à vivre au cœur des violences conjugales. Ce sont des enfants qui vivent « en zone de guerre » :

60 % développent un trouble de stress post-traumatique complexe[94] qui s'apparente à une pathologie de guerre. Cela survient après un événement extrêmement traumatisant et se manifeste par sa reviviscence régulière, accompagnée de manifestations physiques liées à l'émotion extrême ressentie, que ce soit dans l'enfance ou la vie d'adulte.

Depuis quinze ans, le docteur Alvarez accompagne des mineurs ainsi que leurs parents, victimes de violences intrafamiliales. Pourtant, pendant tout son parcours de formation en psychiatrie générale et en pédopsychiatrie, il n'a jamais été question des violences intrafamiliales et des traumatismes. Il a découvert cet univers lorsqu'il s'occupait des femmes enceintes atteintes de trouble de la personnalité à l'Hôpital américain. À force de voir des patientes qui explosaient pendant leur grossesse, moment où les traumatismes refont surface, le docteur Alvarez s'est alors intéressé et formé au psychotraumatisme. Par la suite, il a également commencé à s'occuper des enfants et des adolescents victimes de traumatismes. Il a alors pu travailler avec l'association Innocence en danger.

Qu'est-ce qu'un traumatisme ?

Il est important d'expliquer ce qu'est un traumatisme pour mieux pouvoir l'appréhender auprès des victimes. Le trauma, c'est vivre un événement qui dépasse nos capacités d'adaptation : le cerveau produit une réponse au stress aiguë et la mémoire traumatique ne peut pas être traitée émotionnellement, c'est-à-dire qu'on ne peut pas faire un dossier à archiver au long cours. Cette mémoire traumatique qui n'a pas de dossier se réactive constamment sous forme de flash-back, de cauchemars, de reviviscence. Cette mémoire traumatique qui n'a pas de dossier fait souffrir les victimes sous forme d'hypervigilance et d'évitement. La personne qui vit avec un syndrome post-traumatique a trois émotions :

- la peur ;

94. Le trouble de stress post-traumatique complexe (TSPTC) ou état de stress post-traumatique (ESPTC) est un trouble psychique lié au stress survenant généralement en réponse à des traumatismes complexes, c'est-à-dire des expositions habituellement prolongées ou répétées à une série d'événements traumatisants. Le point commun est d'avoir vécu un événement comme un facteur de stress intense ou d'effroi, face auquel la personne s'est sentie impuissante.

- la honte ;
- le dégoût (en cas de violences sexuelles).

Ces trois émotions vont commander à la victime des situations d'évitement, comme ne pas retourner à l'école, ne pas sortir, ne pas étudier, ne pas chercher de l'aide... Ces évitements finissent à l'âge adulte par miner les capacités d'insertion professionnelle de la personne. Le trauma détruit la vie des victimes.

Par conséquent, pour traiter le trauma, on a besoin de trois choses :

1. Il faut apprendre aux victimes ce qu'est le trauma et comment il modifie le fonctionnement du cerveau.
2. Il faut leur donner des compétences de régulation émotionnelle, notamment des compétences de tolérance à la détresse qui aident à lutter contre l'activation émotionnelle traumatique.
3. Il faut proposer à la mémoire traumatique[95] un traitement émotionnel. Autrement dit, pour que le cerveau puisse faire un dossier de chaque élément de la mémoire traumatique qui nous fait souffrir, il est nécessaire d'associer à ces éléments traumatiques une émotion qui ne soit pas une émotion de détresse. Ce traitement émotionnel permettra de faire un dossier et de l'archiver dans la mémoire traumatique.

Comprendre les émotions

La tolérance à la détresse est un des modules de la régulation émotionnelle qui en comprend quatre, voire cinq pour les adolescents :

- la pleine conscience ;
- la régulation des émotions ;
- l'efficacité interpersonnelle : ce module vise à aider les individus à entretenir des relations saines et à exprimer leurs besoins de manière efficace, tout en respectant leurs propres limites et celles des autres ;

95. La mémoire traumatique, trouble de la mémoire implicite émotionnelle, est une conséquence psychotraumatique des violences les plus graves se traduisant par des réminiscences intrusives qui envahissent totalement la conscience (flash-back, illusions sensorielles, cauchemars) et qui font revivre à l'identique tout ou une partie du traumatisme, avec la même détresse, la même terreur et les mêmes réactions physiologiques, somatiques et psychologiques que celles vécues lors des violences.

- la tolérance à la détresse qui est un ensemble de compétences visant non pas à régler les problèmes, mais à supporter la crise, et surtout à ne pas aggraver la situation dans laquelle nous sommes ;
- la voie du milieu, un module supplémentaire pour les adolescents : cette compétence fait référence à l'art de trouver un équilibre entre les extrêmes. Elle aide les individus à sortir des pensées et comportements polarisés, en cultivant la flexibilité et la tolérance à l'ambiguïté.

Il est indispensable de comprendre qu'une émotion activée se manifeste d'abord dans le corps, chaque émotion a sa manière de se manifester. Il faut un repère :
- la tristesse va se manifester par un effondrement ;
- la peur par une tachycardie et des sueurs froides ;
- la colère par un sentiment de force et un sentiment de chaleur.

Donc, chaque émotion a sa façon de se manifester initialement dans le corps : une émotion va toujours avoir une manifestation cognitive, c'est-à-dire qu'elle va toujours générer des pensées. Une émotion qui s'est activée, qui s'est manifestée dans le corps, qui a eu et qui a produit des pensées, est une émotion qui va nous donner des ordres. Elles sont faites pour nous faire agir. Donc une émotion qui nous donne des ordres, cela signifie que la personne est très activée émotionnellement : c'est ce qu'on appelle une urgence à agir.

En parallèle, il faut savoir déterminer l'intensité, le pourcentage sur une échelle d'activation émotionnelle, comme une jauge. Ce qui permettra d'orienter sur les compétences à mettre en application :
- de 10 à 20 % on peut sentir l'émotion ;
- de 30 à 40 % sur une émotion négative, c'est inconfortable ;
- de 50 à 60 % c'est la crise. Chez un adulte, elle dure quinze minutes et chez un enfant, dix minutes. La crise est une vague qui enfle et qui se brise. Autrement dit, si rien n'est fait, elle s'arrête toute seule, passé ce délai. Le problème est que lorsque nous nous sommes activés émotionnellement, nous obéissons aux ordres des émotions négatives, on va crier, casser, insulter et créer une escalade d'agressivité chez les autres.

Ce qui entraînera une réactivation émotionnelle pendant des heures et générera beaucoup de souffrance ;

- 70 % et plus d'activation émotionnelle, à ce stade, nous perdons contact avec la réalité parce que nous allons croire tout ce que l'émotion négative nous dit de croire. Et nous allons surtout obéir à tout ce que l'émotion négative nous ordonne. C'est là effectivement que l'activation émotionnelle peut s'accompagner de conduite à problèmes, et particulièrement de conduite à risque, notamment de conduite qui porte atteinte à la vie. Les émotions positives à plus de 70 % d'activation peuvent aussi nous mettre en difficulté : la joie à 80 % peut nous convaincre qu'un enterrement est une fête formidable et nous ordonner de danser et chanter à tue-tête .

TIPP : une compétence pour réguler ses émotions

Pour aider les victimes, l'équipe médicale du docteur Alvarez peut transmettre la compétence TIPP qui est la compétence la plus connue, la plus efficace et la plus facile à apprendre. C'est une compétence de survie. Elle est utile à chaque fois qu'il y a une activation émotionnelle, indépendamment de la cause ou de l'origine de cette activation émotionnelle. Dès lors qu'il y a une activation émotionnelle, TIPP peut être utilisée opportunément. TIPP vise à changer la chimie du cerveau, pour survivre à la crise. L'émotion n'est que de la chimie dans le cerveau. La chimie du cerveau peut se changer soit spontanément par voie naturelle grâce à des compétences comme la TIPP ou artificiellement par l'utilisation de médicaments. TIPP est une déclinaison concrète des neurosciences de nos ressources dans la vie de tous les jours. Comme la grande majorité des compétences de DBT, TIPP est un acronyme :

T pour Température

Il s'agit d'appliquer un froid intense au niveau des yeux et des joues qui va déclencher le réflexe d'immersion. Cela signifie que le cerveau considère que l'on est en hypothermie. Il va alors couper toute l'énergie nécessaire et indispensable à l'activation émotionnelle pour conserver l'énergie pour la survie. Pour cette démarche TIPP, le plus simple est d'utiliser un masque de gel sorti du congélateur. Sinon on peut plonger sa tête dans une bassine remplie d'eau froide avec des glaçons.

I pour activité physique Intense

L'activité physique intense vise notamment à priver l'émotion négative de l'énergie fournie pour l'activation émotionnelle par les hormones du stress, notamment trois qui sont : le cortisol, l'adrénaline et la noradrénaline. La meilleure façon de faire, c'est un quart d'heure d'activité physique intense pour les adultes ou dix minutes d'activité physique intense quand on est enfant ou adolescent. Pour ajouter encore plus de plaisir, cette activité peut être de la danse ou un cours de zumba.

P pour respiration Posée

Avec l'inspiration, nous mettons de l'oxygène dans nos poumons, ce qui va fournir de l'énergie à l'émotion négative. Alors que l'expiration va retirer l'énergie à l'émotion négative. Le plus simple, et cela marche très bien avec les enfants, c'est d'apprendre à faire la respiration carrée : un côté on inspire, un côté on marque une pause, un côté on expire, un côté on marque une pause. Et on fait plusieurs carrés ainsi.

P pour relaxation Progressive

La méthode du docteur Alvarez est différente de celle de la DBT. Elle comprend trois phases :

1. **Tendre et détendre les muscles** : on serre très fort les mains et les orteils dans les baskets en prenant une grande inspiration et on relâche en expirant. Lors de la décontraction, nous pouvons ressentir un petit fourmillement froid apaisant.
2. **Sourire, voire rire** (comme le préconise le docteur Alvarez) : sourire ou rire va produire une décharge de dopamine dans le cerveau qui va interrompre l'activation émotionnelle. Le docteur Alvarez demande aux parents d'avoir une trousse de survie « rire » : des vidéos, des photos et des jeux.
3. **Les mains volontaires** : on met les mains ouvertes avec les paumes vers le haut. Avec cette position, notre cerveau se dit que tout va bien et il va se calmer. Cependant, le docteur

Alvarez a constaté qu'il est très difficile pour les enfants de moins de douze ans d'apprendre à faire les mains volontaires. La variante est de demander aux enfants de faire le papillon : il s'agit de s'enlacer soi-même et se tapoter.

Les trois compétences anti-trauma

La deuxième chose qui peut être apprise à tout parent d'enfants maltraités, ce sont les compétences anti-trauma qui permettent d'apprendre au cerveau que l'expérience de la mémoire traumatique activée est douloureuse dans le passé, mais pas dangereuse dans le présent. Lorsque la mémoire traumatique est activée par un déclencheur du trauma ou bien s'active spontanément, elle se traduira systématiquement par une activation émotionnelle traumatique. Celle-ci nous fait croire que nous revivons l'expérience traumatique.

1. **« Attention duelle »** : la mémoire traumatique est une machine à remonter le temps qui nous transporte à la vitesse de la lumière dans le passé. « Attention duelle » signifie que nous devons accepter le flash-back en gardant un pied dans le passé traumatique et un autre dans le moment présent, ici et maintenant. Pour cela, il existe deux méthodes :

- **la mise à distance :** nous apprenons à mettre une vitre devant le flash-back ou encore à le passer en noir et blanc ou faire comme s'il était projeté sur un écran. Toutes ces compétences de mise à distance sont extrêmement efficaces, notamment avec des adolescents ;
- **la transformation :** pour les enfants avant douze ans, le docteur Alvarez leur apprend la transformation qui utilise aussi l'imaginaire pour transformer la mémoire traumatique. Les enfants vont, par exemple, faire pousser une trompe d'éléphant, des oreilles de lapin sur les personnages du flash-back afin de les rendre ridicules. Cela va faire rire les enfants, ce qui détruit le flash-back terrifiant et donc le trauma.

2. **« Discrimination par différenciation »** : elle consiste à défaire la glue. Il s'agit des éléments qui gravitaient au moment du trauma et qui deviennent à nos yeux synonymes de danger, même si ce n'est pas le cas. Par exemple, la chanson

que j'écoutais quand j'ai été violenté. Il s'agit alors d'amener les patients à faire l'expérience de ces éléments et de leur démontrer que c'est sans danger : on peut écouter la même chanson, on peut prendre le métro, on peut prendre le bus, on peut se balader dans la rue concernée par le trauma, etc.

3. **« Grounding[96] »** : il s'agit de se réassocier en gardant les deux pieds ancrés au sol. Il existe trois façons de le faire :

- **une perception sensorielle forte** : cela peut être le froid avec le masque de gel ou les glaçons (nous l'avons vu aussi plus haut avec TIPP). On peut également identifier une odeur forte, agréable ou pas, qui nous aide à nous réassocier. On peut alors avoir un petit flacon qui contient cette odeur... Le docteur Alvarez déconseille toutes les techniques de se pincer, de se faire mal pour les enfants car cela pourrait amener à des conduites problématiques. D'autres patients utilisent une trousse de survie avec une chanson, un podcast, une playlist, etc., qui les réassocient ;
- **essorer une serviette** : le fait de mouiller la serviette, de la prendre dans les mains, de faire le mouvement d'essorage, de voir les gouttes d'eau couler, tout cela nous réassocie ;
- **compter** : nous allons chercher dans le lieu où nous sommes cinq objets d'une couleur, quatre objets d'une autre couleur et ainsi de suite, et quand nous arrivons à un de ces objets, en général, nous sommes réassociés. Si cinq ne suffisent pas, nous pouvons recommencer à dix ou quinze objets. L'essentiel, c'est que nous arrivions à un objet et soyons réassociés. On peut également compter les boutons de la chemise de la personne qui est en face, compter les œillets des baskets que l'on porte, etc.

Pour agir de manière efficace, il faut se constituer une boîte à outils, avec des compétences à mettre en œuvre en cas d'activation émotionnelle et il faut s'entraîner en dehors de toute activation.

96. En anglais ce mot signifie « sol ».

L'exposition pour prendre en charge le trauma

L'exposition est un outil qui date des années 1950 et qui, à cette époque, était très dur. Depuis, les choses ont évolué et il en existe différents types. Mais c'est la seule méthode de soin vraiment efficace inventée par la médecine pour la prise en charge du trauma. À noter que les protocoles seront différents selon l'âge de la personne et qu'il n'en existe pas pour les enfants de moins de trois ans. Il existe trois types d'exposition :

- l'exposition courte que l'on fait pour le soin des phobies ou des troubles anxieux ;
- l'EMDR[97] est est un protocole validé scientifiquement, fondé sur une forme d'exposition de la mémoire traumatique, qui a une efficacité de 60 % dans l'indication trauma complexe. Malheureusement, les symptômes ont tendance à revenir dans la vie des patients au bout de six mois. En France, l'EMDR demeure le protocole de soin validé scientifiquement le plus accessible aux victimes, mais bien encore insuffisamment.
- L'exposition prolongée est le protocole de soins le plus efficace en matière de psychotraumatisme.

L'EMDR

L'EMDR est un outil que le docteur Alvarez aime beaucoup car c'est un outil tout terrain facile à utiliser. S'il a des avantages, il a aussi des limites. Malheureusement, au bout de six mois, il a tendance à être moins efficace avec la possibilité que, dans le temps, il y ait un retour de la symptomatologie traumatique. Maintenant, l'EMDR peut être utilisé très tôt chez de jeunes enfants, à partir de trois ou quatre ans. Dans ce cas, il faut que le protocole se fasse avec un thérapeute très expérimenté avec les petits enfants et avec l'accord des parents.

L'exposition prolongée

Le protocole Scheeringa obtient des résultats formidables avec les enfants. Néanmoins, il nécessite des thérapeutes formés à la

97. *Eye Movement Desensitization and Reprocessing* : désensibilisation et retraitement par les mouvements oculaires.

thérapie d'exposition ayant, en plus, acquis une compétence supplémentaire avec les enfants. C'est un protocole qui est très éprouvant pour les thérapeutes. Un thérapeute formé au psychotraumatisme au sein d'une équipe peut prodiguer le protocole Scheeringa efficacement aux enfants. À partir de douze ans, nous pouvons déjà utiliser le protocole de thérapie d'exposition prolongée, comme l'adulte ou en suivant un protocole légèrement modifié. Lorsqu'elle est associées aux compétences de régulation émotionnelle, elle a une efficacité de 90 %.

La DBT : thérapie comportementale dialectique

La DBT est la thérapie comportementale dialectique, développée à la fin des années 1980 par la psychologue Marsha Linehan aux États-Unis pour la régulation des émotions. Elle permet de soigner la dépression sévère, le syndrome post-traumatique, les addictions, les troubles alimentaires, mais aussi de réduire le risque de tentatives de suicide. C'est une thérapie où l'émotion joue un rôle central. Elle soigne la dysrégulation émotionnelle au travers d'apprentissages intégrant l'identification des émotions, l'acceptation des pensées, sentiments et comportements, ainsi que des compétences de régulation émotionnelle permettant de les modifier. C'est une psychothérapie efficace qui est utilisée dans vingt-trois pays (Royaume-Uni, États-Unis, Allemagne, Canada...), mais qui est très peu développée en France et non remboursée par la Sécurité sociale. Il existe tout de même quelques initiatives hospitalières en France (à Paris, Versailles, Lyon et Strasbourg) que l'on trouve sur le site de l'association DTB-France.

Le docteur Alvarez et son équipe se sont formés aux États-Unis et suivent chaque mois des visioconférences, supervisées par le directeur Tony Dubose à Seattle, afin de prendre connaissance des évolutions et actualisations de la méthode.

Le docteur Alvarez a énormément de demandes pour des enfants victimes de violences intrafamiliales. Le délai d'attente pour avoir un premier rendez-vous d'évaluation est de trois mois. Toutefois, les listes d'attente dans son cabinet sont faramineuses pour accéder à un protocole de soins validé scientifiquement comme la DBT, de l'ordre de six à douze mois. Cette démarche est généralement entreprise par le parent protecteur. Le déroulement de cette thérapie, validée scientifiquement et encadrée par une équipe de thérapeutes, comprend des séances de thérapie individuelles, en groupe et du coaching téléphonique. Son équipe est composée de trois pédopsychiatres et d'une remplaçante, ainsi que de six psychologues qui vont utiliser toutes les techniques de désensibilisation du trauma.

Psychotraumatisme et suivi médical

Le principe absolu en psychotraumatisme, c'est qu'on ne peut utiliser un protocole scientifiquement validé que lorsque la violence a cessé et que les victimes sont protégées. Il n'est pas possible de mettre en place des soins efficaces chez un enfant qui est toujours exposé à des violences. L'autorité parentale conjointe dans le cadre de violences conjugales est un frein pour soigner les enfants. Le maintien de l'autorité parentale aggrave le trouble post-traumatique de l'enfant et du parent protecteur. Or, la majorité des victimes mineures de violences intrafamiliales sont peu protégées en France. Alice[98], suivie par le docteur Alvarez, a été protégée très tôt par l'institution judiciaire, dès l'âge de deux ans et demi, ce qui est une rare exception au sein de son cabinet. Il existe des situations fragiles où, pendant un temps, l'enfant est protégé à la suite de l'incarcération du parent agresseur ou d'une mesure d'éloignement. La plupart des rendez-vous judiciaires ont un impact négatif sur le bien-être des enfants. Bien que le gouvernement ait fourni des efforts avec le déploiement des UAPED, le constat reste affligeant. Pour le docteur Alvarez, les mineurs doivent être auditionnés impérativement avec le protocole NICHD (voir p. 115). Lorsqu'on arrive à protéger les enfants, c'est souvent tardivement, alors qu'ils entrent dans l'adolescence. Ces enfants-là ingurgitent une dose de violence terrifiante, en partie de la violence institutionnelle après des années de procédures. Ce que fait l'institution judiciaire en ne les croyant pas et en ne les protégeant pas s'appelle une invalidation de l'expérience traumatique.

---

98. Fille de Laura Rapp.

Avant la grossesse, 40 % des fois, il y a déjà de la violence conjugale. Néanmoins et malheureusement, 40 % des violences intrafamiliales surviennent pendant la grossesse et leurs effets sur le fœtus sont multiples : fausse couche, vulnérabilité au stress, altération de l'architecture du cerveau, altération de l'ocytocine (hormone naturelle créée par le cerveau), RCIU (retard de croissance intra-utérin), mauvaise adaptation néonatale. Les effets sur la grossesse sont également nombreux : augmentation du stress maternel, décollement placentaire (hémorragies), dépression périnatale, HTA (hypertension artérielle), prééclampsie, diabète gestationnel et risque de naissance prématurée.

L'impact des violences intrafamiliales sur des enfants de moins de trois ans est extrêmement grave. Le risque est d'avoir des troubles précoces du développement et une altération de l'attachement. Les chiffres sont édifiants : 424 000 enfants victimes de violences intrafamiliales et 165 000 enfants victimes d'inceste. Sur ces 165 000 victimes, 60 % de ces enfants vont avoir un syndrome de stress post-traumatique complexe ; 42 % de ces garçons vont s'identifier à l'agresseur et répéter les violences ; 38 % des filles vont répéter le cycle de la violence. Les violences familiales subies durant l'enfance vont avoir un impact négatif sur la construction de l'enfant. L'étude ACE[99] a démontré l'effet cumulatif de la violence à l'âge précoce. Plus on connaît des événements traumatiques enfants, plus on s'expose au surpoids, à des maladies cardio-vasculaires, auto-immunes, allergiques, on est sujet à des addictions (alcool, drogue). On peut développer des troubles psychiatriques, notamment des troubles de la personnalité ou des conduites à risque. La désinsertion sociale et l'échec scolaire sont plus courants. Cela peut se terminer par une mort précoce et donc des années de vie perdue. Cette réalité est identifiée depuis presque quarante ans. On sait que la France compte 14 millions de victimes d'hier et d'aujourd'hui, ce qui fait que la violence intrafamiliale est le premier enjeu de santé publique, et pourtant on n'en parle pas assez.

---

99. L'étude ACE (Adverse Childhood Expériences) est un programme de recherche, mené entre 1995 et 1997, qui a mis en évidence un lien entre le vécu traumatique d'un enfant et ses problèmes de santé et/ou sociaux à l'âge adulte. Elle a été réalisée par les centres pour le contrôle et la prévention des maladies et le département de médecine préventive Kaiser Permanente de San Diego.

Selon le docteur Alvarez et sa grande expérience, les idées suicidaires chez les enfants victimes de maltraitance peuvent se déclencher tôt, dès l'âge de huit ans, et sont le résultat de deux choses : d'une part, ils constatent leur impuissance à fuir les violences et, d'autre part, ces enfants ont déjà libéré leur parole auprès des professionnels de la police et de la protection de l'enfance et, malgré tout, cela s'est soldé par le maintien des violences ou pire de la violence institutionnelle à l'égard du parent protecteur. C'est donc le constat de l'invalidation de leur vécu de victime, de l'absence de protection des institutions et de la violence institutionnelle qui les plonge dans un désespoir dont l'issue est parfois le suicide. Ceux qui ont le plus d'idées suicidaires sont les enfants qui ont parlé et qui n'ont pas été entendus ni protégés. Deux à trois fois par an, le docteur Alvarez doit organiser des hospitalisations d'urgence pour ces mineurs. Il fait une évaluation clinique de l'enfant. Si l'enfant n'est pas protégé, il est dans l'incapacité de changer le cours des événements. Souvent, la crise suicidaire survient lorsque l'enfant a passé un temps loin du parent agresseur et qu'un nouveau jugement impose des rencontres avec ce dernier.

Des violences aussi sur les adultes aidants

La majeure partie de ces patients sont des enfants qui ont révélé les violences et qui sont dans un parcours judiciaire qui n'est pas protecteur. Mais l'autre partie, ce sont les mères désenfantées, c'est-à-dire privées de leur enfant par décision de justice. Face à cette violence institutionnelle inouïe, elles se meurent littéralement et font des tentatives de suicide.

L'aliénation parentale fait partie des idéologies anti-victimaires très fréquemment utilisées pour justifier le désenfantement, qui détruit l'enfant ainsi que son parent protecteur. Ce dernier est considéré comme aliénant, c'est-à-dire qu'il manipule son enfant, et les violences conjugales sont effacées, laissant place au conflit conjugal. Les magistrats vont alors préconiser l'autorité conjointe dans l'intérêt de l'enfant. Pourtant, le syndrome d'aliénation parentale[100] (SAP) a été infirmé scientifiquement et reconnu par les organismes internationaux comme l'ONU ou l'Organisation mondiale de la santé comme une idéologie anti-victimaire. Le conseil de l'Europe l'a dit aussi en 2021. Reem Alsalem, dans son rapport spécial du 13 avril 2023 sur la violence contre les femmes et les filles[101], préconise de mettre fin à l'invocation de l'aliénation parentale dans les affaires judiciaires et de dispenser une formation obligatoire aux membres de la magistrature sur la violence domestique et ses effets sur les enfants.

Le docteur Alvarez constate une augmentation des attaques par les agresseurs envers les médecins contre lesquels ils déposent plainte. Le sociologue Evan Stark décrit parfaitement, dans ses travaux sur le contrôle coercitif[102], l'attaque du parent agresseur contre tout tiers médical pour pouvoir isoler la victime et la contrôler. Le docteur Alvarez voit dans son cabinet des situations telles que Stark les décrit, c'est-à-dire un parent violent qui dans un premier temps essaie de manipuler, séduire le médecin. Dans un deuxième temps, lorsque ce dernier ne va pas dans son sens, il dépose une plainte contre lui.

Cela met en lumière l'importance de mieux protéger les médecins qui signalent des maltraitances (environ 5 % des signalements[103]). Pour cela, il faut rendre toute plainte irrecevable devant l'Ordre des médecins. Actuellement, ce qui est reproché à ces médecins, c'est « l'immixtion dans les affaires de famille sans raison professionnelle », ce qui est malheureusement proscrit par le Code de déontologie des médecins.

Selon lui, la question du psychotraumatisme n'est pas assez développée dans les facultés de médecine et de psychologie. La raison est la même que celle qui explique les dysfonctionnements

---

100. L'aliénation parentale se décrit comme un phénomène dans lequel un des parents se livre à des comportements aliénants, influençant l'esprit de l'enfant afin de favoriser chez lui le rejet injustifié et la désaffection à l'égard de l'autre parent.

101. *Garde des enfants, violence contre les femmes et violence contre les enfants*, rapport de la Rapporteuse spéciale sur la violence contre les femmes et les filles, ses causes et ses conséquences, avril 2023.

102. Figure internationale de la protection des enfants et pionnier de l'appréhension des violences conjugales comme contrôle coercitif. *Coercive Control: How Men Entrap Women in Personal Life*, Stark E., Oxford University Press, 2009.

103. *Maltraitance des enfants : y penser pour repérer, savoir réagir pour protéger*, Haute Autorité de santé, novembre 2014. has-sante.fr

du système de protection de l'enfance : c'est un déni sociétal. La société a besoin de nier les violences faites aux femmes et aux enfants et les traumatismes qui en découlent. Ce refus de voir la réalité se répercute à la faculté de médecine, de psychologie, de sociologie, d'histoire, dans les écoles de droit, à l'école de la magistrature, de la police... Pourtant c'est bien un sujet qui concerne toute la société et pas seulement quelques individus isolés.

Quelles préconisations ?

Pour prendre en charge correctement ce grave traumatisme, il est important que les victimes puissent sortir du cercle infernal des violences et qu'elles puissent être protégées par nos institutions, mais également qu'elles accèdent à des soins pour apprendre à vivre avec le trauma, à améliorer leur qualité de vie et parfois à le surmonter. La prise en charge des enfants victimes de violences intrafamiliales est un véritable défi pour notre société. Il est temps de se poser la question : pourquoi, en France, les protocoles de soin validés scientifiquement en psychotraumatisme sont très peu accessibles aux victimes ? Pourquoi des protocoles comme la DBT sont disponibles dans des pays développés, mais si peu en France ?

Le docteur Alvarez a plusieurs préconisations pour améliorer la prise en charge des mineurs victimes de maltraitance :

- mieux former les médecins aux psychotraumatismes ;
- rendre plus accessibles les soins en psychotraumatisme pour les mineurs ;
- tenir compte des recommandations de la CIVIISE n° 1, en se focalisant sur l'entraînement des thérapeutes aux protocoles efficaces et fondés sur l'évidence scientifique.

Chapitre 13

La protection de l'enfance, un véritable combat politique

Marie Tamarelle-Verhaeghe
Médecin scolaire, médecin chef de service en centre de prévention et de santé publique du Havre et de Val-de-Reuil
Conseillère départementale de l'Eure depuis 2015
Vice-présidente du conseil départemental chargée de l'autonomie, des personnes âgées, des personnes en situation de handicap et de l'accès à la santé
Ancienne députée de la troisième circonscription de l'Eure

« À cinq ans, quand je serai grande, je n'oublierai jamais ce que j'étais enfant, de ce que je suis enfant. Prendre l'enfant comme une personne en entier. Me souvenir que tous les enfants sont des personnes à part entière. C'est au cœur de mes combats et cela le restera. »

Ces mots forts sont de Marie Tamarelle-Verhaeghe, femme politique engagée, maman de huit enfants qui porte la protection des mineurs en elle depuis fort longtemps, et qui en a fait un combat lors de son mandat de députée (2017-2022). Mais avant cela, elle a démarré sa carrière en tant que médecin scolaire, puis treize ans plus tard, elle travaillera dans un centre de prévention et de conseil auprès d'adultes en situation de précarité.

Déjà à l'époque de ses études de médecine à l'École de santé publique en 1997, elle avait rédigé un mémoire sur l'intérêt de l'autorité médicale pour protéger les enfants en danger afin de montrer qu'il était important de s'appuyer sur un médecin en cas de maltraitance sur un mineur, et surtout nécessaire de se mobiliser autour de sa protection. Pour la rédaction de ce mémoire, elle avait déjà travaillé avec de nombreux professionnels de tout horizon et avait remarqué de nombreux dysfonctionnements : l'articulation entre les services sociaux et la justice était difficile ; les magistrats étaient déjà à l'époque débordés pour s'occuper des mineurs ; les magistrats lui avaient dit qu'il fallait des éléments tangibles, pour les enfants victimes, qui manquaient trop souvent dans les signalements ; il y avait aussi un vrai travail de responsabilisation à effectuer au niveau des professionnels de l'enfance pour faire un signalement car il y avait une réticence à pointer une difficulté dans une famille par peur de se tromper.

Le rôle du médecin scolaire

À l'école, la détection des violences sur les enfants est une mission prioritaire du médecin scolaire. Le médecin de prévention, spécialisé dans le développement de l'enfant, a une approche globale de la santé dans toutes ses dimensions : physique, psychologique et sociale. C'est une réelle plus-value pour la protection de l'enfance. La conduite de l'entretien est fondamentale et nécessite une formation à certaines pratiques, comme poser des questions ouvertes à l'enfant lors de la consultation : comment ça se passe à la maison ? Est-ce qu'à un moment tu t'es trouvé dans une situation qui t'a mis mal à l'aise ? Est-ce que tu as vécu des situations où une personne a pu faire un geste qui t'a blessé ? Il ne faut surtout pas de questions orientées, invasives ou stigmatisantes qui pourraient mettre à mal l'enfant ou les siens. Il faut interroger l'enfant de façon bienveillante, intelligente et diplomate en posant des questions très larges et en utilisant son vocabulaire.

Lors de son parcours professionnel, il y a trente ans, Marie Tamarelle-Verhaeghe se souvient avoir accompagné une maman et sa fille à la gendarmerie pour dénoncer le viol de cette dernière par son père. À cette époque, les forces de l'ordre manquaient cruellement de formation pour accueillir la parole des enfants. Le gendarme renvoyait la culpabilité sur la maman qui, selon lui, n'avait pas su protéger sa fille… Issue d'un milieu modeste avec peu de moyens, la mère n'avait pu prendre la décision de quitter le foyer avec sa fille. Elle avait très peur de son mari. Marie s'était posé la question : comment fait-on pour protéger la mère et la fille ? Cet homme a par la suite été condamné et, cinq ans plus tard, elle a vu une petite fille transformée. Cela lui a donné de l'espoir et l'envie de continuer à se battre pour protéger ces enfants. Depuis le Grenelle des violences conjugales en septembre 2019, la formation des forces de l'ordre s'est améliorée.

Cette expérience à l'Éducation nationale motivera son choix pour devenir députée par la suite : c'est vraiment là qu'elle a pris conscience à quel point il était important de s'occuper de la santé des mineurs victimes de maltraitance et du rôle fondamental du médecin scolaire. C'est un des premiers professionnels à pouvoir dialoguer avec les familles ou à envoyer une information préoccupante lorsque c'est nécessaire.

Le rôle du médecin scolaire est délicat, car l'objectif n° 1 est de protéger l'enfant en ne le mettant pas en porte-à-faux. Quelquefois, devant la négation du problème par les parents, l'enfant se retrouvait dans une situation paradoxale : seul avec Marie, il se confiait sur les violences qu'il pouvait subir et, devant ses parents, pour faire alliance, il ne disait plus rien. Un enfant a toujours le souci de protéger ses parents, quand bien même ceux-ci sont auteurs de violence. Par son autorité médicale, le médecin scolaire est un interlocuteur qui tient une place privilégiée dans le dialogue avec les parents. Sans jugement, il doit être capable de mettre des mots sur ce qui se passe et permettre une prise de conscience des parents. Celle-ci est un premier pas pour éviter la récidive mais aussi pour permettre aux parents d'accepter une prise en charge médico-sociale, quand elle est nécessaire. Marie se souvient d'un couple qui maltraitait ses enfants, car eux-mêmes avaient été victimes de maltraitance dans l'enfance. L'échange leur a permis de comprendre qu'ils reproduisaient ce qui les avait blessés. Ce dialogue a permis une prise conscience et un frein à la récidive. Cela montre l'importance de former les médecins à ces mécanismes de violences intrafamiliales.

Un combat politique

C'est en 2017 qu'elle deviendra députée de l'Eure et portera le sujet des enfants maltraités, à plusieurs reprises, à l'Assemblée nationale. Son souhait : rendre plus visible la prévention auprès des enfants au niveau de l'Éducation nationale, en particulier entre six et onze ans, où quasi aucun professionnel de santé n'est présent. Avant cinq ans, il y a la PMI, ensuite, c'est censé être la médecine scolaire, sauf qu'il n'y a quasiment plus de médecins scolaires dans les écoles, car c'est un statut très peu valorisé et très mal payé. Il n'y a aucune volonté politique pour structurer un projet dans ce sens, il manque une organisation du service et on ne met pas les moyens humains et financiers pour que cela se fasse.

Il y a une véritable réflexion à avoir sur la santé des enfants à l'école : il faut au plus tôt une politique de dépistage des violences ; un accompagnement de l'enfant maltraité ; des dépistages systématiques par des infirmières et des médecins qui peuvent intervenir dans des situations graves et être des acteurs de proximité dans le système scolaire, en capacité de faire une évaluation médicale, sociale et psychologique de l'enfant. Il faut être très vigilant avant le collège, et notamment dans les structures scolaires. Il y a un intérêt fort à croiser les regards entre le corps enseignant et les professionnels de la santé publique, notamment en première ligne la médecine scolaire, surtout dans les situations de violences intrafamiliales, pour gagner en efficacité, en temps et en énergie[104]. Dès qu'il y a un doute, les enseignants peuvent s'appuyer sur les professionnels de la santé pour éclairer la situation de l'enfant, déterminer s'il est victime ou non de maltraitance, s'il est en danger ou pas, s'il faut faire une information préoccupante à l'ASE, voire un signalement auprès du procureur en cas d'urgence à protéger l'enfant.

Marie décide de faire de la santé des enfants un combat, particulièrement ceux qui sont dans des situations de violences intra-conjugales. Le Grenelle des violences conjugales, initié

---

104. Une expérimentation sur les maisons enfant/famille a été intégrée dans la loi d'Adrien Taquet. Les maisons enfant/famille sont des centres ressources qui s'inquiètent de la santé des enfants (Corse, Lyon, un en région parisienne...), dont l'encadrement est effectué par une équipe pluridisciplinaire. L'évaluation finale sera rendue en 2026.

par Marlène Schiappa[105], le 3 septembre 2019, a mis en lumière les femmes victimes de violences conjugales, mais les enfants, qui grandissent dans ces foyers violents, ont été oubliés. Lors de la proposition de loi de la députée Bérangère Couillard qui vise à mieux protéger les victimes de violences conjugales, Marie a proposé deux amendements :

- l'attribution de l'exercice exclusif de l'autorité parentale au parent victime de violences conjugales ;
- la suspension du droit d'accueil du parent violent lors d'une procédure civile.

Malheureusement, les amendements ne passeront pas à l'Assemblée nationale, mais Marie ne lâche rien et décide de faire un long travail auprès de ses collègues députés et du gouvernement pour faire comprendre qu'un enfant dans un foyer violent est touché de la même façon qu'un enfant en situation de guerre. Marie obtient la signature de plus de 100 députés pour sa proposition de loi n° 4747[106] du 30 novembre 2021, visant à protéger ces 398 310 enfants exposés aux violences au sein du couple[107]. Celle-ci portait pour ambition de clarifier deux points majeurs :

- En cas de poursuite ou de condamnation pour violences ayant entraîné une interruption temporaire de travail de plus de huit jours, le parent violent voit l'exercice de l'autorité parentale et les droits de visite et d'hébergement suspendus.
- Reconnaître l'enfant comme victime des violences conjugales dans le procès pénal. Sur le plan pénal, sauf s'il est lui-même victime de violences physiques, l'enfant n'est pas considéré comme victime des violences dans le couple. La loi du 3 août 2018, initiée par Alexandra Louis, a créé une circonstance aggravante permettant en théorie à l'enfant de se constituer partie civile et d'être reconnu comme victime. Dans son rapport d'évaluation de la loi, Alexandra Louis note « qu'il y a eu 138 473 affaires de violences conjugales dans le champ délictuel et la circonstance aggravante a été retenue

105. Ancienne secrétaire d'État chargée de l'égalité entre les femmes et les hommes et de la lutte contre les discriminations (17 mai 2017 – 6 juillet 2020).

106. Proposition de loi n° 4747 enregistrée à la présidence de l'Assemblée nationale le 30 novembre 2021 visant à protéger les enfants exposés aux violences au sein du couple.

107. *Rapport du Haut Conseil à l'égalité entre les femmes et les hommes sur la politique de lutte contre les violences conjugales*, 2019.

1645 fois » en 2019, soit dans moins de 2 % des affaires[108]. Alors même que plus de 80 % des victimes de violences conjugales sont des mères. Cette circonstance aggravante est très peu retenue par les magistrats, donc inefficace.

Il faut avoir les reins solides pour défendre une telle proposition, le sujet des enfants maltraités n'étant pas une priorité pour de nombreux politiques. Pourtant, ces signatures démontrent la prise de conscience des députés. Afin de sensibiliser et de mobiliser tout le monde (les politiques et la société) autour de cette cause, Marie décide de mettre en place toute une série d'événements et d'actions : six petits déjeuners pour rencontrer les protagonistes de la protection de l'enfance ; un colloque sur le thème des enfants exposés aux violences conjugales à l'Assemblée nationale avec plusieurs intervenants[109] racontant leurs parcours pour protéger leur enfant ; la projection du film *Elle m'a sauvée*[110] pour sensibiliser sur les violences faites aux femmes et aux enfants ; la réalisation d'un court métrage réunissant les témoignages de plusieurs mères victimes de violences et les répercussions sur leurs enfants, un dîner avec différentes victimes et Élisabeth Moreno[111].

Elle lance l'élaboration d'un livre blanc pour faire entendre la voix des mères victimes de violences conjugales qui rencontrent des difficultés à protéger leur enfant. À travers les témoignages de femmes et d'enfants victimes ainsi que de professionnels de la protection de l'enfance (avocat, pédopsychiatres, juge des enfants, présidentes d'association), il révèle les conséquences durables pour ces enfants et les dysfonctionnements d'un système où le lien du parent agresseur est maintenu avec son enfant dans la majeure partie des cas. Il défend l'idée d'un véritable statut de victime pour l'enfant qui assiste aux violences au sein du couple.

Voici un extrait du livre blanc, parole d'une petite fille de quatre ans, victime et témoin de violences conjugales extrêmes pendant les trente-six premiers mois de sa vie et qui, par ses

---

108. *Rapport d'évaluation de la loi du 3 août 2018, renforçant la lutte contre les violences sexuelles et sexistes*, Louis Alexandra, décembre 2020.

109. Nous, Laura Rapp et Alizé Bernard, prendrons la parole lors de ce colloque.

110. Inspiré de mon histoire, moi, Laura Rapp.

111. Ancienne ministre déléguée chargée de l'égalité entre les hommes et les femmes, de la diversité et de l'égalité des chances.

cris, a sauvé la vie à sa mère. Aujourd'hui, à six ans, elle a repris le cours de son développement, assombri par un syndrome de stress post-traumatique : « Papa a tapé maman sur le lit… Papa me tirait les cheveux… Je pleurais parce que maman n'était pas là. J'avais très peur… Papa tapait tout le temps maman. Je n'ai pas envie de voir mon papa… [pleure avec angoisse] j'ai peur de revoir papa. Je n'ai pas envie de lui parler au téléphone… ni de lui envoyer des dessins. Je n'ai pas envie que papa parle à ma maîtresse… Je n'ai pas envie que papa voit mes copains de l'école… Je n'ai pas envie de voir mama [grand-mère paternelle]. Je n'ai pas envie d'aller voir papa en prison… Je n'ai pas envie que papa sorte de prison… J'ai peur qu'il sorte… J'ai besoin que papa soit loin… très loin… »

Aujourd'hui, ce livre blanc, remis à Brigitte Macron le 8 mars 2022, est un outil cité et utilisé comme référence par de nombreuses associations pour rendre visibles les enfants témoins de violences conjugales.

Après avoir organisé un séminaire en circonscription en 2022, Marie continue à faire évoluer l'acculturation en mettant en place d'autres séminaires pour les professionnels, les associations ou les élus. Le combat continue sur le terrain pour faire avancer les législateurs !

Malgré ce travail acharné, le texte de loi n° 4747 de Marie n'a pas pu être voté sur ce mandat. C'est la députée Isabelle Santiago qui prendra la relève sur ses travaux et qui fera une nouvelle proposition de loi, transpartisane, sur la suspension de l'autorité parentale (voir p. 194). C'est une avancée majeure.

Quelles préconisations ?

Selon Marie Tamarelle-Verhaeghe, les préconisations majeures à faire en urgence en matière de protection de l'enfance sont :

- rétablir un vrai service de santé scolaire permettant d'assurer les dépistages dès la grande section, de suivre les enfants en situation difficile ou préoccupante ;

- vérifier la qualité de formation des professionnels amenés à travailler autour des enfants et leur niveau de connaissances et, à défaut, les former ;
- une délégation des droits aux enfants, dans chaque département, à l'image de la délégation des droits des femmes, pour appliquer la Convention des droits de l'enfant ;
- confier la protection de l'enfance aux départements, c'est déjà le cas mais personne ne contrôle l'effectivité et l'efficacité actée de cette mission. Au vu de l'importance du sujet, il faudrait réfléchir à l'élaboration d'un système d'évaluation et de contrôle centralisé ou, en tout cas, harmonisé pour les instances de protection de l'enfance au niveau tant de la justice que du social. La délégation des droits de l'enfant pourrait y contribuer ;
- s'assurer dans chaque département de l'articulation efficace entre les différents acteurs de la protection de l'enfance (professions d'éducation, du champ social, de la justice…) ;
- porter une attention particulière aux enfants de l'aide sociale à l'enfance et à leur prise en charge car ils ont presque tous été percutés par des violences intrafamiliales ;
- systématiser la prise en charge psychologique par la Sécurité sociale des enfants soumis à des violences ;
- informer les élus des instances à saisir en cas de violence dans les familles ou établissement, accueillant des enfants. Leur rappeler que c'est de leur devoir ;
- s'assurer que des programmes à but éducatif contre les violences sont mis en place dès la maternelle, comme cela se fait sur le harcèlement scolaire. Il existe de longue date des « programmes » de prévention pour armer les enfants contre de potentiels agresseurs (comme le programme « Mon corps, c'est mon corps » au Québec) ;
- légiférer pour que la loi de mars 2024 s'applique aussi aux tribunaux civils. En effet, les suspensions de l'autorité parentale et du droit d'hébergement sont désormais plus fréquemment appliquées au pénal mais rarement reconduites par le juge aux affaires familiales. L'enfant n'est donc pas protégé.

Isabelle Santiago
Élue locale, adjointe au maire d'Alfortville entre 2001 et 2020, conseillère départementale d'Alfortville de 2011 à 2020 et vice-présidente du conseil départemental du Val-de-Marne en charge de la prévention et de la protection de l'enfance et de la prévention spécialisée
Ancienne présidente de l'observatoire de l'enfance en danger du Val-de-Marne
Ancienne membre du Conseil national de la protection de l'enfance
Conseillère départementale du canton Alfortville depuis 2011 à ce jour
Députée depuis septembre 2020 dans la 9e circonscription du Val-de-Marne, réélue en 2022 et 2024

« Le temps de l'enfant n'est pas celui de l'adulte. [...] Le risque n'est pas d'inventer des victimes, il est de laisser passer sous nos yeux des enfants victimes sans les protéger. »

Isabelle Santiago

Isabelle Santiago est une femme politique engagée depuis plus de vingt ans sur la question de la protection de l'enfance et elle en a fait un véritable cheval de bataille dans son territoire et à l'Assemblée nationale. Militante de longue date au sein du parti socialiste, elle devient, en 2001, élue locale dans la ville où elle a grandi, en qualité d'adjointe au maire d'Alfortville. En 2011, elle est élue conseillère départementale et devient vice-présidente du conseil départemental du Val-de-Marne en charge de la prévention et de la protection de l'enfance. Elle prend alors conscience de l'importance de cette politique publique qui était sous les radars et peu connue en dehors des professionnels dans le secteur médico-social, et comprend qu'elle nécessite une transversalité des acteurs publics. Depuis les lois de décentralisation qui ont confié cette haute responsabilité aux élus locaux des départements, elle observe qu'il n'y a pas de vision globale de l'enfance en France et que cette délégation est souvent mise dans la globalité du champ social, alors que cela nécessite une approche spécifique pour accompagner les enfants les plus vulnérables et construire l'avenir de futurs citoyens.

La découverte de dysfonctionnements dangereux

Isabelle découvre l'innommable et la souffrance des enfants et des professionnelles, tant la question de la prise en charge de ses enfants est problématique dans plusieurs politiques publiques, y compris la justice qui est au cœur des décisions parfois contradictoires avec l'intérêt supérieur de l'enfant comme sujet de droit. C'est à ce moment-là qu'elle comprend l'urgence de la situation et participe activement à la protection des enfants maltraités dont elle découvre les graves dysfonctionnements sur le terrain.

Tout d'abord, le lien familial prévaut sur l'intérêt supérieur de l'enfant, ce qui conduit à des décisions violentes voire tragiques. Cela change petit à petit grâce à la loi de 2016 plaçant au cœur de la décision judiciaire la priorité de l'intérêt supérieur de l'enfant.

Mais à cette époque, de nombreuses décisions de justice mettaient en place des aménagements dans le placement des enfants les renvoyant dans leur famille dysfonctionnelle certains week-ends. La question de l'inceste n'est alors quasiment pas abordée. Pourtant, c'est déjà une des réalités du terrain. Il est aussi très difficile de recueillir la parole d'un enfant maltraité qui fait sans cesse des allers-retours dans sa famille si le lien n'est pas au cœur du projet pour l'enfant. Or, ce lien est difficile à mettre en place lorsqu'il manque des travailleurs dans le secteur médico-social ou que le turn-over est trop important.

La déscolarisation de mineurs est également un fait majeur dans les foyers. Les enfants porteurs de handicaps ne trouvent pas de structures adaptées. Par ailleurs, les enfants qui ont été maltraités ont souvent des troubles du comportement peu compatibles avec une scolarité classique. Certains font des crises de violences extrêmes impossibles à contrôler sans une intervention spécifique, d'autres développent des psychotraumas ou des addictions. De fait, les établissements scolaires inscrivent administrativement les jeunes, mais il arrive que des enfants de douze ans soient déjà déscolarisés depuis une année. Il reste difficile de trouver une solution adaptée. Pour ceux qui viennent d'arriver en foyer d'urgence, il faut parfois trouver des professeurs pour leur donner des cours au sein du foyer. Par manque de moyens de l'Éducation nationale, il faut trouver des enseignants dans le secteur privé pour les accompagner en attendant une reprise scolaire.

Les foyers sont des lieux de violence pour les enfants. Restés sur des modèles des années 1960-1970, ils ne sont pas adaptés aux découvertes des sciences sociales et des neurosciences sur le développement de l'enfant. Le fait de vivre en collectivité, avec des inconnus et en très grand nombre, est une violence en soi. Ce fonctionnement va à l'encontre du développement de l'enfant et des besoins spécifiques de ces mineurs fragiles. Ils doivent être accompagnés individuellement, en petite équipe. Il est aussi nécessaire de séparer les enfants des adolescents, sauf en cas de fratrie.

Étonnamment, il n'existe pas de normes d'encadrement dans les foyers en France. Isabelle ne le savait pas au début de son mandat et personne n'avait pensé lui dire. Cela ne soulevait aucun problème pour les responsables administratifs et les associations. Personne à sa connaissance ne s'était mobilisé sur cette question centrale du taux d'encadrement dans le secteur médico-social. Le secteur de la protection de l'enfance est le plus complexe à comprendre, à la croisée de nombreuses politiques publiques d'État et de collectivités. L'expérience est le facteur clé pour comprendre le fonctionnement des politiques publiques, mais tant qu'on ne maîtrise pas tout le sujet, on est guidé par l'administration au sein du département, il faut s'en détacher pour porter réellement des avancées et des propositions de modifications profondes sur ce secteur qui nécessite une réforme d'ampleur.

Isabelle se souvient du cas d'un enfant qui se fait agresser sexuellement dans un foyer par un autre mineur. Elle demande si une plainte a été déposée, quelle est la prise en charge de l'enfant et quelles sont les actions menées contre le mineur agresseur. On lui indique que le risque zéro n'existe pas. Isabelle Santiago va tout faire pour mettre en place des protocoles d'alerte pour que tous les faits graves puissent remonter jusqu'à l'exécutif. Cela l'a profondément choqué et elle a entamé un dialogue avec toutes les institutions concernées pour changer ces états de fait qu'elle n'a jamais acceptés. Elle se bat pour changer réellement la vie de ces enfants, ce qui a fait du Val-de-Marne sous sa vice-présidence, un département innovant dans le secteur de l'enfance en danger.

Les foyers d'accueil : des lieux de protection pourtant dangereux

Dès son arrivée, elle a demandé à faire des visites au sein de foyers d'accueil et à se rendre sur le terrain au plus proche des professionnels en lien avec les enfants. Une directrice d'un foyer d'accueil lui avoue qu'en dix-huit ans, c'est la première fois qu'un élu lui rend visite. Cela en dit long sur l'intérêt des politiques sur le sujet de la protection de l'enfance durant cette période.

Isabelle a rapidement demandé une cartographie des foyers pour mieux comprendre l'ensemble de la responsabilité du secteur prévention et protection de l'enfance qui s'étalait du département à la France entière, vestige de la décentralisation. Finalement, cette délégation se révélera extrêmement importante pour son parcours politique. Cette expérience de la souffrance des enfants qu'elle a vue et côtoyée, ces histoires de vie brisée, le nombre d'enfants confiés toujours plus important, tout comme ceux signalés, l'ont à jamais marquée pour savoir qu'investir l'enfance doit être une priorité pour l'avenir de la société. Elle a su très vite que derrière des vies brisées, c'étaient aussi des adultes en devenir, et que l'urgence sociale pour ces enfants est d'apporter des réponses adaptées. Il fallait mobiliser la société sur le repérage, la parentalité, la prévention et la protection pour investir l'avenir de futurs adultes.

Lors des nombreuses visites au sein des foyers d'accueil, Isabelle Santiago s'est aperçue que le personnel s'était habitué à travailler dans des conditions dégradées, laissant passer des situations inacceptables. Elle a pu voir des volets fermés constamment, d'autres cassés depuis trois ans, mais le temps que la demande remonte à la hiérarchie était si long que rien n'était fait. Et des enfants en souffrance devaient vivre dans ces conditions. Choquée, elle a donc souhaité accélérer les processus de décision pour les travaux dans les foyers.

Isabelle décide alors d'entamer un gros chantier de la protection de l'enfance dans le Val-de-Marne. Ce n'est pas moins de deux années de travail pour envisager de réelles modifications sur le terrain. Avec l'administration et l'exécutif politique du département, qui soutient son initiative, s'opère une profonde refondation, y compris pour les espaces de vie des foyers dont elle appréhende le sujet dans sa globalité, en croisant ses observations avec d'autres domaines comme la justice, la santé ou l'école.

Certains très grands foyers pour mineurs, dont le modèle datait des années 1970, regroupaient toutes les tranches d'âges. Un modèle désuet et non adapté aux enfants et adolescents, avec des risques d'agressions dus à des comportements parfois violents, des addictions, de la prostitution des adolescentes. On pouvait également découvrir des enfants, eux-mêmes victimes d'agressions sexuelles, avoir des comportements inadaptés en agressant d'autres enfants sans même être conscients du mal qu'ils faisaient. Isabelle Santiago a donc décidé de fermer plusieurs sites et de créer trois pôles : enfant, adolescent et mineur non accompagné (MNA). Pour cela, il a fallu racheter des locaux de gendarmerie, disponibles dans le département, afin de créer des maisons pouvant accueillir de douze à seize enfants, ainsi que construire un nouveau foyer. C'était une première grande réforme d'ampleur. Isabelle a souhaité séparer les filles et les garçons à l'âge des fragilités adolescentes que l'on rencontre de manière prégnante en protection de l'enfance. Mais cela était impossible à mettre en œuvre car lorsqu'un placement en urgence est demandé, on ne connaît pas le sexe de l'enfant avant son arrivée. On doit composer avec les places limitées dans les hébergements d'urgence.

Isabelle Santiago a également permis d'augmenter les effectifs au sein des structures à partir d'une vision globale du nombre de places dont avait besoin le département. N'ayant pas de prospective spécifique à la protection de l'enfance, elle l'a fait grâce à des échanges et propositions des services. Elle a notamment ouvert plusieurs maisons maternelles et d'accueil de jour pour adolescents déscolarisés.

Pour lutter contre la prostitution des mineures dans les foyers, une association spécialisée a ouvert une antenne d'accueil pour les adolescentes, un projet spécifique a été mis en place avec la pédopsychiatrie à l'hôpital sur les psychotraumatismes, et une enquête avec la procureure et le préfet de l'époque pour répondre à la question judiciaire de cette problématique majeure chez les jeunes depuis quelques années.

Accompagner correctement les mineurs

Pour bien accompagner les mineurs, il est indispensable de s'entourer d'équipes pluridisciplinaires stables. C'est un élément clé de l'accompagnement pour ces jeunes au parcours si chaotique. Dans les foyers, les enfants doivent pouvoir s'orienter vers des professionnels formés : des éducateurs spécialisés, des maîtresses de maison[112], des éducateurs et des veilleurs de nuit. Or, ce n'est pas vraiment le cas... Bien souvent, il manque du personnel pour encadrer les enfants et permettre de développer le lien avec les parents et l'enfant, quand c'est pertinent, notamment à travers des visites médiatisées, pour qu'il puisse envisager un retour au domicile. Et à l'inverse, lorsque ce lien n'est pas souhaitable, on doit permettre à l'enfant de grandir en étant protégé dans un cadre rassurant et bienveillant.

Il reste beaucoup à construire en partenariat avec la justice. Le placement des enfants est toujours temporaire et renouvelé par décision de justice à 70 %. Un accueil n'est jamais pensé sur le long terme, alors que dans certains cas, cela permettrait à l'enfant une meilleure trajectoire de vie avec un protocole simple d'adoption.

La Covid a d'ailleurs montré que les enfants étaient plus apaisés lors de l'interruption des visites médiatisées et autres relations imposées dans le cadre de la décision de justice civile. Ces

---

112. Il s'agit d'une personne polyvalente qui s'occupe du quotidien des mineurs dans le foyer, elle peut s'occuper de préparer les repas, par exemple.

enfants ont besoin de se poser, de s'appuyer sur des personnes référentes. Il est impératif de faire intervenir un pédopsychiatre pour soulager et aider les éducateurs qui ne sont pas toujours bien outillés face à la violence des jeunes.

De ces constats, Isabelle Santiago crée une équipe mobile de pédopsychiatres dans le Val-de-Marne – une première en France en 2017. C'est un dispositif novateur qui se porte vers l'intérêt des mineurs en grande souffrance. Lorsqu'un enfant était en proie à une crise de violences, l'équipe pouvait se déplacer pour le voir et l'accompagner. Cette bonne pratique a été dupliquée dans de nombreux départements.

Changer le secteur : une mission longue et difficile

Isabelle a rencontré de nombreuses difficultés face aux foyers habilités secteur associatif, les maisons d'enfants à caractère social (MECS). Certaines associations sont peu formées aux violences intrafamiliales et conjugales, ce qui ne permet pas une bonne prise en charge des enfants victimes. Ce sont les départements qui attribuent les habilitations aux associations et subventionnent les structures. Retirer cette habilitation à une association défaillante est très compliqué car les services administratifs ne savent alors pas comment accueillir les enfants.

De fait, les associations sont habilitées par des conventions sur quinze ans, c'est ce qui pose problème en politique publique : l'impact du changement est lent et lorsque vous voulez intervenir comme élue, c'est extrêmement complexe. Il paraît important d'évaluer régulièrement les associations de protection de l'enfance afin de définir les limites de ces politiques publiques et d'offrir un cadre adapté aux mineurs. Sous le mandat d'Adrien Taquet[113], Isabelle avait rédigé un amendement visant à ce que les associations de la protection de l'enfance portent leurs responsabilités en cas de défaillance. Mais cet amendement n'a pas été

113. Ancien secrétaire d'État chargé de l'enfance et des familles du 26 juillet 2020 au 20 mai 2022.

accepté bien qu'il ait été travaillé avec le cabinet du ministre pour l'adapter à une réalité législative.

Pour faire évoluer les politiques publiques dans le domaine de la protection de l'enfance et changer le système, il faut créer des synergies entre les services des départements et les administrations d'État.

Il faut réformer en profondeur le secteur, changer le regard sur l'impact et son coût sur notre société en considérant la santé psychique des futurs adultes, face à des psychotraumatismes de l'enfance qui risquent de faire perdre vingt ans de vie à l'adulte de demain. La décentralisation, toujours d'actualité, est une catastrophe pour les enfants, seule une coopération département-État pourra initier un investissement majeur et transversal. Aujourd'hui, il est compliqué d'agir malgré une forte mobilisation politique et associative. D'où l'importance d'avoir une coordination entre les uns et les autres. D'ailleurs, plusieurs présidents de département ont contacté Isabelle pour lui demander des modèles de bonne pratique, étant donné qu'elle bénéficie de l'expertise du terrain. Isabelle a partagé son expérience sur la création des équipes mobiles de pédopsychiatres, notamment, mais cela reste très compliqué, à l'échelle nationale, d'irriguer les bonnes pratiques et de les diffuser dans les territoires sur les politiques publiques et le champ social des travailleurs sociaux. D'ailleurs, ces derniers doivent, eux aussi, se réformer et modifier la formation initiale. Il est également important de revaloriser les salaires pour retrouver de l'attractivité dans les métiers du lien.

Des actions et des résultats

Forte de son expérience et de ses analyses sur le terrain, Isabelle Santiago est à l'initiative de nombreuses évolutions.

Tout d'abord, dans son parcours de vice-présidente, de nombreuses politiques publiques innovantes ont été inaugurées, dont plusieurs maisons maternelles avec crèche, des accueils de jour pour les jeunes déscolarisés, des protocoles avec les services de l'État en faveur d'une meilleure coordination de la protection de l'enfance et de nombreux projets en partenariat avec le secteur de la santé dont l'obtention d'une ouverture UAPED dans le cadre des UMJ à Créteil.

Le 18 février 2021 est adopté, à l'unanimité à l'Assemblée nationale en première lecture, le texte de loi visant à mieux protéger les mineurs face aux violences sexuelles (viol, inceste...) en instaurant un seuil d'âge de non-consentement : un enfant de moins de quinze ans, ou moins de dix-huit ans en cas d'inceste, ne saurait consentir à un rapport sexuel avec un adulte.

Le 13 septembre 2022, Isabelle est à l'initiative d'une délégation des droits de l'enfant à l'Assemblée nationale, composée de trente-six députés, dont elle-même, en tant que vice-présidente. Cette délégation devait auditionner et éclairer le débat, pour proposer des réformes sur les textes de loi et des amendements législatifs sur les questions relatives aux droits de l'enfant. C'est une première avancée dans la prise de conscience des politiques sur la question centrale des enfants pour les politiques publiques.

Le 11 mars 2024, Isabelle Santiago a réussi à faire adopter son texte de loi visant à mieux protéger les enfants victimes de violences intrafamiliales à l'Assemblée nationale. Ce texte va permettre d'élargir le mécanisme de suspension de l'autorité parentale et de le rendre davantage systématique. En cas de crime commis sur la personne de l'enfant ou de l'autre parent, ou en cas d'agression sexuelle incestueuse sur l'enfant, l'autorité du parent poursuivi pour agression est suspendue pendant toute la période de l'instruction. En cas de condamnation pour ces mêmes infractions, le parent se verra retirer totalement son autorité parentale sauf décision spécialement motivée.

Le 30 avril 2024, sous l'impulsion d'Isabelle, a été lancée une commission d'enquête sur les manquements des politiques de protection de l'enfance. C'est une première à l'Assemblée nationale, il n'y a jamais eu d'enquête sur la protection de l'enfance. Isabelle est rapporteuse de cette commission et souhaite mettre en lumière tous les manquements qui ont conduit à la situation actuelle et proposer des solutions sur les réponses législatives, réglementaires et budgétaires pour l'aide sociale à l'enfance afin de remédier à cette crise majeure. Cette commission sera stoppée net avec la dissolution de l'Assemblée nationale, décidée par le président de la République, Emmanuel Macron. Isabelle se désole des conséquences de cet arrêt sur la situation des mineurs protégés qui sont des adultes en devenir. Isabelle constate que l'État fait particulièrement défaut en matière de protection de l'enfance par suite de la décentralisation vers les collectivités.

Malgré de belles avancées, le sujet de la protection de l'enfance reste un angle mort des politiques publiques à cause de plusieurs facteurs : une administration décentralisée qui n'est pas coordonnée au niveau national, un manque d'analyse et de prospective partagées entre les administrations pour analyser les besoins des populations, et un manque cruel de moyens budgétaires partagés entre l'État et les collectivités pour penser une politique globale de l'enfance comme un investissement d'avenir. Cela nécessite une volonté politique forte, une compréhension des enjeux sociaux et sociétaux pour réformer au sein d'un ministère de plein exercice et impacter la police, la gendarmerie, la justice, l'hôpital, la prévention en santé sociale, le handicap, l'Éducation nationale, la formation initiale et continue des travailleurs sociaux, l'accompagnement à la parentalité.

Depuis presque cinq ans que nous côtoyons des personnalités politiques, très peu s'intéressent au sujet des enfants victimes de maltraitance. Marie Tamarelle-Verhaeghe et Isabelle Santiago sont les deux personnalités politiques qui nous ont le plus marquées sur ce sujet par leur sensibilité, leur engagement sincère et leurs actes. Elles ont toutes deux fait un travail remarquable pour mettre en lumière les mineurs victimes de violences intrafamiliales et aussi dénoncer les manquements de nos institutions, ce qui est peu commun pour des politiques.

C'est un travail titanesque que de convaincre les politiques de faire de la protection de l'enfance une priorité, et cela passe avant tout par révéler ce qu'il se passe sur le terrain.

De plus, les déceptions sont nombreuses. Récemment, nous avions été en contact avec Mme Moreno, ancienne ministre chargée de l'égalité femmes-hommes. Après plusieurs échanges et de nombreuses propositions de notre part, nous pensions faire avancer la cause. Finalement, nous n'avons jamais été recontactées par son successeur ou par elle-même par la suite, ce qui révèle un manque de coordination entre les passations de ministres et aussi un désintérêt pour la cause. Nous donnons de notre temps bénévolement, nous payons nos déplacements à ces entrevues et adaptons notre emploi du temps au leur, sachant que tout ce que nous entreprenons ne changera rien aux situations de nos enfants, car les lois ne sont pas rétroactives. Nous faisons cela pour que ça ne se reproduise pas.

On parle souvent de la formation des policiers et des juges, mais qu'en est-il de la formation des politiques sur de tels enjeux sociétaux ?

Chapitre 14

Une association novatrice et visionnaire

Frédérique Martz
Présidente et fondatrice du réseau Women Safe & Children
Porteuse de la flamme olympique 2024

Frédérique Martz a commencé sa carrière professionnelle en France dans le secteur privé au sein d'une maison d'édition pour les professionnels de la santé, de la justice et du social. De 2011 à 2015, elle a régulièrement effectué des missions en Afrique, notamment dans le cadre de différentes missions humanitaires auprès des femmes (RDC, Burkina, Sénégal, Côte d'Ivoire…). C'est lors de ces missions qu'elle découvre un monde inspirant où l'intelligence collective est à l'œuvre. Un monde dans lequel les femmes étaient dans « une expression commune de leurs besoins ». Un monde où les femmes s'entraidaient malgré un manque cruel de moyens et d'accès aux soins primaires. Elle a alors rencontré un monde dans lequel le faire ensemble était au cœur de leur vie.

À son retour en France en 2014, elle a été tentée de reproduire cette dynamique collective en créant Women Safe & Children, association reconnue d'intérêt général, qui fut la première organisation interdisciplinaire de prise en charge des femmes victimes de violences, basées à Saint-Germain-en-Laye. L'objectif était de réunir, en un même lieu, les acteurs de la santé et de la justice afin de favoriser un dialogue autour du « secret partagé », toujours dans le respect du consentement éclairé de la personne accompagnée.

Des juristes, avocats, psychologues, médecins, infirmières et gynécologues œuvrent main dans la main pour apporter une réponse cohérente et pérenne aux femmes et aux mineurs victimes en proposant des prises en charge individuelles et collectives. Frédérique s'était aperçue que le parcours complexe entre les services juridiques, sociaux et médicaux, souvent long et éprouvant, pouvait décourager certaines victimes déjà fragilisées.

Aujourd'hui, Women Safe & Children développe une politique d'essaimage pour autonomiser de nouvelles équipes interdisciplinaires, notamment vers le monde rural fortement impacté par le fléau des violences. L'innovation sociale du modèle Women Safe & Children s'illustre par :

- une approche interdisciplinaire et systémique, qui permet de décloisonner « le parcours du combattant » des victimes dans la reconnaissance et le soin des violences subies ; la vulnérabilité psychique et financière des victimes est prise en charge dans un cadre structuré, sécurisé et gratuit, ce qui permet de limiter les coûts, tant directs qu'indirects, pour la société ;
- une adaptation aux zones rurales qui devance la réponse de l'État d'une protection équitable des victimes, en territoires isolés ;
- un organe de formation, « l'Académie Women Safe », a été créé pour renforcer les connaissances et mobiliser la société civile dans la détection et la prévention des violences.

Women Safe & Children s'est étendue sur le territoire français et a ouvert trois autres antennes : en Haute-Savoie (Évian-les-Bains), en Corse (Sainte-Lucie-de-Porto-Vecchio) et dans le Finistère (Brest). Les associations reçoivent des subventions publiques et des financements privés, indispensables pour la pérennité de l'ensemble des associations du réseau.

En dix ans d'engagement, le réseau Women Safe & Children a accompagné plus de 5 700 femmes et 450 enfants.

Pourquoi créer un pôle « mineur » ?

Frédérique s'aperçoit rapidement que les enfants exposés aux violences intrafamiliales ne sont pas entendus et qu'ils ne bénéficient d'aucune prise en charge immédiate malgré les traumatismes importants qu'elle constate chez eux. À l'époque, ils ne sont pas considérés comme des victimes par la justice, mais seulement comme des témoins. Pourtant, derrière chaque mère violentée, il y a un enfant traumatisé. De ce constat alarmant s'impose, en 2017, la création du pôle « mineur » (enfants et adolescents). L'association propose une prise en charge interdisciplinaire gratuite, sur le même modèle que celle proposée aux femmes mais adaptée aux besoins spécifiques des plus jeunes.

Les mineurs victimes de tous types de violences arrivent à l'association par différents intermédiaires :

- un proche (mère, ami, grands-parents...) ;
- l'aide sociale à l'enfance ;
- un professionnel extérieur (de la santé, des forces de l'ordre, du social...).

Au sein de l'association, la prise en charge des mineurs répond à une approche systémique des violences. Cela signifie que les professionnels vont chercher à identifier les impacts des violences sur le mineur accueilli, mais également sur son environnement (famille, amis, milieu scolaire...). La formation au traumatisme complexe des équipes et leur pratique interdisciplinaire permettent une reconstruction qui respecte la temporalité des mineurs, une reprise de développement global (croissance, confiance, scolarité et apprentissage, sociabilité...) et une évolution dans la dynamique environnementale.

Confronté à une urgence sociétale et à un enjeu de santé publique majeur, le pôle « mineur » a pour ambition de protéger les adultes de demain en agissant en amont, afin de prévenir l'apparition de facteurs de vulnérabilité ou de reproduction des violences.

Le parcours de prise en charge

Le parcours de prise en charge d'un mineur au sein de Women Safe & Children commence par l'accueil et l'écoute.

Un premier entretien est réalisé par une infirmière ou une éducatrice qui recueille le contexte des violences. Elle évalue la gravité des faits évoqués, questionne l'environnement social et familial de l'enfant/adolescent. L'infirmière partage les différents éléments aux membres de l'équipe. Cette première rencontre a pour vocation de créer un lien de confiance, permettant à l'enfant/adolescent de s'exprimer sur ses besoins, ses envies et surtout sa volonté d'entrer dans le parcours qui lui est proposé.

Suite à ce rendez-vous, débute une prise en charge individuelle interdisciplinaire sur le plan psychologique, juridique et également psychocorporel. Cette dernière prise en charge correspond au moment où le corps va parler. L'enfant va écouter et comprendre des douleurs liées à ses traumatismes, apaiser sa relation avec le corps. Il sera alors orienté vers un masseur, kinésithérapeute, ostéopathe ou sophrologue.

Les professionnels de l'association proposent ensuite à l'enfant ou adolescent de participer à une ou plusieurs activités qui permettent une prise en charge globale et adaptée du psychotraumatisme afin d'aider à sa résolution :

- des ateliers thérapeutiques, encadrés par un personnel soignant, qui permettent une évaluation des capacités d'autonomie globale du mineur accueilli (manuelles, relationnelles, sociales) sur des thématiques liées à la gestion des émotions, aux liens d'attachement insécures, etc. ;
- des ateliers d'art-thérapie, de théâtre ou encore de médiation qui développent la créativité et la confiance en soi ;
- des cercles de parole adolescent·es, coanimés par une psychologue et un·e professionnel·le de santé, qui traitent de sujets sociétaux (droit des femmes, violences, sexualité, etc.) ou de sujets plus spécifiques et psychologiques (le bien/le mal, la confiance en soi, etc.).

Ces ateliers représentent une réelle plus-value dans le dispositif Women Safe & Children car ils permettent une prise en charge psychologique par des approches culturelles et créatives. Ces ateliers ont pour but d'offrir aux enfants et aux adolescents un nouvel espace de parole « entre pairs » dans un lieu sécurisant, tout en permettant de développer l'imaginaire et la confiance en soi.

La pratique du sport est également au cœur des parcours de soins et de reconstruction, étant reconnue comme un véritable outil thérapeutique qui complète l'approche globale :

- l'équithérapie est une pratique qui utilise la médiation par le cheval ;
- depuis deux ans sont proposées des activités de plongée sous-marine d'une durée de deux heures : c'est une épreuve pour la mère et l'enfant qui ont pour défi de plonger en même temps ;
- des ateliers collectifs sont proposés où les mineurs sont accompagnés de leur parent protecteur ou éducateur s'ils sont placés à l'aide sociale à l'enfance, ce que nous appelons des « marrainages », il est proposé au mineur de rencontrer un pair pour échanger en duo sur des aspects de sa vie, ses difficultés ou ses incompréhensions, dans le but de cheminer ensemble vers des réponses ou des pistes de compréhension.

L'association propose des sorties pour donner une bouffée d'oxygène à ces enfants qui ont vécu le pire : lors du Noël 2023, les enfants suivis par l'association ont été invités à l'arbre de Noël de l'Élysée. Cela a été un moment inoubliable de partage hors du temps où ils ont pu rencontrer le Père Noël et recevoir des cadeaux. Les enfants avaient des étoiles plein les yeux. Ensuite, ils ont pu assister à un concert privé de la *Star Academy*. Le fait d'être invité par le président de la République est un acte fort pour ses enfants et cela ne peut que renforcer leur estime de soi.

Enfin, il est nécessaire que la prise en charge qu'offre Women Safe & Children aux mineurs s'inscrive sur plusieurs mois ou années. En effet, de nombreux éléments sont susceptibles de venir perturber l'enfant, le remettre dans une situation d'échec ou d'insécurité : parcours de soins, actions judiciaires, dysfonctionnements intrafamiliaux.

Agir pour l'avenir

De nombreuses recherches tendent à démontrer qu'une grande majorité des auteurs et autrices de violence sont d'abord des victimes de violences dans leur enfance[114]. Le pôle « mineur » permet d'offrir aux enfants victimes une prise en charge ciblée sur l'impact psychotraumatique des violences afin de prévenir l'installation de facteurs de vulnérabilité ou de reproduction.

Pour agir efficacement contre les violences, il est indispensable de connaître et de comprendre les conséquences psychotraumatiques de celles-ci sur les personnes. Les recherches en neurosciences et en psychologie (clinique, développementale, sociale) ont permis de mettre en évidence des dysfonctionnements neurophysiologiques chez les personnes victimes de violences. Notre corps et notre cerveau peuvent supporter de petites quantités d'hormones de stress, telles que l'adrénaline et le cortisol. Le rôle de ces hormones est de préparer l'organisme à l'action face à un danger ou un stress. Cependant, lorsque ces hormones sont produites en trop grande quantité, elles perdent leur fonction d'adaptation sociale et deviennent des hormones de survie. Cette augmentation de la production d'hormones entraîne des altérations psychocorporelles multiples, non sans conséquences sur la santé de la victime.

Dans sa structure, Frédérique a constaté que 70 % des agresseurs avaient été des enfants victimes dans l'enfance et que beaucoup d'entre eux sont addicts à l'alcool ou consommateurs de cannabis. La maltraitance, les négligences lourdes (carences éducatives), les violences dans leur globalité et leur complexité ont des conséquences graves sur la santé physique et mentale des mineurs, d'autant plus quand le traumatisme intervient sur une personne en construction. Les enfants/adolescents ont des

---

114. Parmi les nombreuses recherches, nous pouvons citer :
« Itinéraires de passage à l'âge adulte. Différences de sexe, différences de classe », Battagliola F., Brown E., Jaspard M., *Sociétés contemporaines*, n° 25, 1997-2, p. 85-103.
Violences parentales et violence conjugale : des réalités plurielles, multidimensionnelles et interreliées, Chamberlain C., Presse de l'Université du Québec, 2003.
La famille maltraitante, Cirillo S., Di Blasio P., Fabert, « Psychothérapies créatives », 2005.
« Impact des violences sexuelles sur la santé des victimes : la mémoire traumatique à l'œuvre », Salmona M., *in Pratique de la psychothérapie EMDR*, Tarquinio C. (dir.), Dunod, 2017, p. 207-218.
L'enfant face à la violence dans le couple, Sadlier K. (dir.), Dunod, 2010.

besoins spécifiques en fonction de leur âge et restent éminemment dépendants des adultes qui les entourent. C'est la raison pour laquelle l'intérêt supérieur de l'enfant prévaut sur tous les autres intérêts.

Parmi les altérations survenant pendant la période péritraumatique[115], nous pouvons citer :

- des troubles amnésiques : la difficulté à se souvenir de l'événement ;
- des troubles cognitifs : la difficulté à comprendre ce qui se passe ;
- des troubles spatiotemporels : la difficulté à se situer dans l'espace et le temps ;
- des troubles de la verbalisation : la difficulté à parler, à crier ou à appeler à l'aide ;
- des troubles de la motricité volontaire : la difficulté à se défendre ou à s'enfuir.

Bien d'autres altérations du fonctionnement global de l'organisme sont caractéristiques d'un dosage en hormones de stress trop élevé, et donc neurotoxique pour notre corps et notre cerveau. Les IRM (imageries par résonance magnétique) permettent de visualiser l'impact des hormones de stress produites en grande quantité sur notre fonctionnement habituel. Par exemple, la plupart des victimes souffrant d'un état de stress post-traumatique présenteront une hyperactivité de l'amygdale (la région du cerveau associée à la régulation du danger et à la gestion des émotions), ainsi qu'une altération de la régulation du cortisol. Ces changements peuvent entraîner des cauchemars, des flash-back, de l'anxiété et de l'hypervigilance. Autre exemple : les victimes de violences précoces et répétées, durant leur enfance, pourront connaître une modification dans le développement de certaines structures cérébrales, notamment une réduction de la taille de l'hippocampe (structure cérébrale clé pour le pilotage de la mémoire et de la régulation émotionnelles) et des changements dans le cortex préfrontal (structure cérébrale clé pour la prise de décision et la régulation des émotions.)

Selon la HAS (Haute Autorité de santé), « la maltraitance des enfants est mal connue et certainement très largement

---

115. La dissociation péritraumatique est un regroupement de symptômes plus récent qui a pris une place importante dans la clinique psychotraumatique. Elle entraîne une réelle perte de contact avec la réalité.

sous-estimée dans la population française. Elle est également sous-déclarée par les médecins en France, avec à peine 5 % des signalements provenant du secteur médical ».

Les actions de terrain de Women Safe & Children auprès des victimes les mènent au même constat : les acteurs de terrain (forces de l'ordre, magistrat, professionnel de santé...) ne sont pas suffisamment formés à la question des violences pour pouvoir :

- identifier les victimes ;
- être en mesure de les orienter correctement ;
- œuvrer à leur protection, mais aussi à leur reconstruction.

Forte de ce constat et de son expérience en psychotraumatologie et victimologie, l'équipe Women Safe & Children se mobilise pour donner naissance à l'Académie Women Safe. Son objectif est de prévenir les violences et de savoir les dépister, grâce à la formation du plus grand nombre pour construire un monde où chaque citoyen serait capable d'anticiper, détecter et mettre en œuvre les actions appropriées pour prévenir les violences.

Les entraves à la prise en charge

Frédérique remarque aussi que parfois le parent agresseur est une entrave aux soins médicaux sur l'enfant. Se servant souvent du droit à exercer son autorité parentale, l'auteur des violences persiste, malgré les faits graves perpétrés et jugés qui lui sont reprochés. Il conserve son emprise en dépit des souffrances de l'enfant. Frédérique se souvient notamment de deux mineurs qui ont été retirés de l'association car le père, qui avait l'autorité parentale, s'opposait aux soins. Dans ce genre de situation se mêlent alors des sentiments d'impuissance, de colère et d'injustice.

Dans le cas de mineurs confiés par l'aide sociale à l'enfance, les enjeux socio-économiques autour de leur protection entravent très fréquemment une prise en charge pérenne. Le nombre de professionnels autour de l'enfant ne garantit pas toujours la qualité de la prise en charge. Généralement, les moyens (qu'il s'agisse d'argent, de temps ou quelquefois de compétences) nuancent l'objectif initial appelé « Projet personnalisé de l'enfant/adolescent ».

Grâce aux protocoles mis en place par Women Safe & Children, les signes cliniques de dégradation de la santé et les facteurs de risques (conduites addictives, conduites sexuelles à risque, actes de défis, mises en danger, fugues, violences, agressions, tentative de suicide, etc.) devraient permettre de rendre visible et cohérente la prise en charge de la santé globale de l'enfant/adolescent. En effet, ces derniers étant en pleine construction identitaire, ils et elles ont besoin d'une prise en charge qui prend en compte l'instabilité et la variabilité des étapes de leur développement. Collectivement, Frédérique pense que nous devrions dessiner un avenir désirable, solidaire et durable pour les mineurs. Malheureusement, les professionnels de l'aide sociale à l'enfance ont très peu de temps de concertation par manque de moyens et de temps. Chaque mineur est singulier et oblige les professionnels à toujours s'adapter à ses besoins par une écoute active et régulière, en concertation permanente avec les autres professionnels qui l'entourent. D'où l'importance de concevoir l'accompagnement de façon systémique en prenant en compte le sociologique, le psychologique et le médical.

Former pour agir plus vite et plus efficacement

Pour prévenir les violences faites aux femmes et aux enfants, il est essentiel de renforcer les actions de sensibilisation et de formation afin de mieux identifier les situations de violence, d'en comprendre les mécanismes et d'appréhender leurs conséquences psychotraumatiques. C'est pour cela qu'en 2024, Women Safe & Children a créé son organisme de formation dédié à la lutte contre toutes les violences s'adressant aux professionnels de différents secteurs.

Pour agir en amont des violences, Frédérique compte sur la reconnaissance pleine et entière de son organisme de formation : l'Académie Women Safe & Children développe des solutions à 360 degrés pour accompagner les entreprises, les universités, les organismes publics, les professionnels de terrain, les forces de l'ordre, le monde du sport ou de la culture dans la lutte contre les violences pour un changement durable : analyser, co-construire, mobiliser et former sont les clés permettant l'adhésion du plus grand nombre. L'organisme propose des outils pour repérer et dépister les violences, puis orienter le plus tôt possible les victimes (plateforme collaborative, *e-learning*, *serious game*, atelier de mobilisation, formations des référents Égalité et des services de santé). L'Académie Women Safe & Children permet de développer les compétences individuelles et d'accompagner les participants dans la maîtrise et le respect des obligations réglementaires et légales qui se sont imposées à eux en s'appuyant sur l'expertise interdisciplinaire de ses formateurs.

Moins de 10 % des psychologues sont formés au traitement du psychotraumatisme. Et ils sont tenus à une formation continue et coûteuse, ce qui est un frein pour les libéraux. Quant aux psychologues salariés dans une structure, malheureusement, la formation en psychotrauma est quasi inexistante. Le peu de financement des associations par l'État ne permettra pas de garantir cette expertise dispensée à l'ensemble de l'équipe interdisciplinaire.

Un rapport du Haut Conseil à l'égalité entre les hommes et les femmes (HCE) du 6 juillet 2023[116] dresse un constat alarmant pour la prise en charge des violences faites aux femmes : l'évaluation des centres régionaux du psychotraumatisme (CRP), créés à l'issue du Grenelle des violences conjugales en 2019, laisse apparaître des besoins considérables, des prises en charge insuffisantes, des moyens dérisoires.

Les unités d'accueil pédiatrique pour enfants en danger (UAPED) complètent l'offre de soin pour les victimes de violences depuis 2022, mais sont également saturées.

La demande se reporte alors sur les associations qui ne bénéficient d'aucun financement des agences régionales de santé (ARS) tandis qu'elles contribuent à cette offre de soin spécialisé et spécifique. De plus, le manque de subvention par l'État limite leur capacité d'accompagnement de façon pérenne. Aujourd'hui,

---

116. *Évaluation des centres régionaux du psychotraumatisme : des besoins considérables, des prises en charge insuffisantes, des moyens dérisoires*, rapport du 6 juillet 2023.

Women Safe & Children a un besoin vital d'engagement des entreprises à ses côtés via un soutien financier sur la durée (dans le cadre de leurs actions RSE[117] par exemple).

Avoir une vision globale du problème

Malheureusement, selon Frédérique, les politiques ont une approche trop cloisonnée des violences et peinent à les appréhender dans une perspective systémique. La compréhension globale et efficace de ces problématiques est entravée par un fonctionnement compartimenté des différents ministères. L'absence d'une vision générale peut mener à des solutions ponctuelles qui ne s'attaquent pas aux racines du problème.

Par exemple, Frédérique met aussi en lumière la disparité entre les zones rurales et urbaines. Il est en effet plus difficile de détecter et d'accompagner des enfants en milieu rural. 50 % des féminicides sont perpétrés dans ces zones dites « rurales », quand seulement 30 % de la population y habite. Les espaces ruraux ont des caractéristiques particulières qui entravent la prévention, la détection, l'intervention et la prise en charge des victimes (isolement, absence de moyens permettant la mobilité, absence de structures d'aide de proximité...). La plupart des moyens mis en place dans les zones urbaines sont totalement inefficaces en territoires ruraux[118]. Pour comprendre, il suffit de prendre les exemples des dispositifs « téléphone grave danger » ou des bracelets anti-rapprochement pour les (ex-)conjoints qui sont inopérants en zone blanche (absence de connexion numérique et téléphonique).

Il est indispensable de considérer les violences comme un phénomène complexe et multidimensionnel. Cela permet de prendre en compte les interactions entre les différents niveaux d'intervention (individuel, familial, social...) et de développer des

---

117. « La responsabilité sociétale des entreprises (RSE) également appelée responsabilité sociale des entreprises est définie par la Commission européenne comme la responsabilité des entreprises vis-à-vis des effets qu'elles exercent sur la société. En d'autres termes, la RSE désigne la contribution des entreprises aux enjeux du développement durable. Une entreprise qui pratique la RSE va donc chercher à avoir un impact positif sur la société tout en étant économiquement viable. » – Définition issue du site Internet : https://www.economie.gouv.fr/

118. Rapport du Sénat : *Femmes et ruralité : en finir avec les zones blanches de l'égalité*.

solutions efficaces et durables. Pour cela, Frédérique a trois préconisations majeures :

- l'essaimage de son modèle interdisciplinaire qui s'adapte à la réalité de chaque territoire (la Corse n'est pas la Haute-Savoie, qui n'est pas l'Île-de-France...) ;
- le transfert de leurs compétences via l'essaimage, soit, interdisciplinarité, la psychotraumatologie et la vision systémique ;
- la gratuité totale de la prise en charge que l'association applique (gratuité réelle car ils ne prennent pas la carte Vitale).

L'enfant, priorité absolue

Dans le cadre de violences conjugales, il faut parfois privilégier l'enfant par rapport à la mère. La libération de la parole de la mère permet de constater que l'enfant est directement impacté. Comme le dit si bien le Dr Luis Alvarez[119], « c'est comme s'il subissait un accident de la route tous les jours ». Afin de préserver la neutralité, l'association décide de préconiser une orientation de la mère vers un autre dispositif d'accueil. La prise en charge de l'enfant se veut une approche intégrative : elle considère son avenir en tenant compte de la temporalité et de son niveau de maturité ; sa sécurité en privilégiant la compréhension du système « parental » et « familial » ; son trauma en choisissant immédiatement une thérapie adaptée.

Pour Women Safe & Children, la priorité est que le mineur se sente de nouveau respecté dans son individualité et retrouve sa place d'enfant qui lui a été volée.

---

119. Psychiatre et pédopsychiatre, ancien chef de clinique de l'hôpital Necker.

Atalantes : redonner des ailes à des adolescentes abîmées

Comment lutter contre la prostitution des mineurs au sein des foyers ? Sophia Antoine va nous raconter comment est né le projet Atalantes visant à venir en aide aux adolescentes placées dans les foyers qui sont tombées dans la prostitution : un projet d'action artistique et culturelle co-construit par la Compagnie de spectacle vivant L'île de La Tortue et l'Aide sociale à l'enfance de la circonscription de Clichy-sous-Bois/Coubron/Montfermeil de Seine-Saint-Denis.

Le contexte

La Compagnie de spectacle vivant L'île de La Tortue, codirigée par Sarah Mathon et Sophia Antoine, travaille en hyperproximité avec son environnement. Pour son équipe artistique, la rencontre humaine fait entièrement partie de la démarche de création. Accueillie en résidence pluriannuelle par la ville de Clichy-sous-Bois, au cœur du quartier populaire du Bois du Temple, son équipe invente des espaces et des protocoles artistiques où la parole peut se déployer, et tout particulièrement celle des « invisibles » que l'on entend rarement. Les artistes de la compagnie font œuvre dans nos lieux communs, rompent avec une transmission verticale de la culture et créent des propositions artistiques qui surgissent de la rencontre contextuelle avec un territoire, de la relation humaine, *in situ* et au plus proche du vivant.

En juin 2022, Mme Haïdi Kacem, éducatrice spécialisée de l'ASE de la circonscription de Clichy-sous-Bois, contacte leur compagnie. Elle souhaite inventer avec elles un projet pour six adolescentes en particulier. Âgées de quatorze à dix-sept ans, ces six adolescentes ont toutes eu un lien, à différents degrés, avec la prostitution. Elles vivent en foyer, en familles d'accueil, en placement à domicile et malheureusement pour certaines à l'hôtel (malgré l'interdiction de la loi de placer à l'hôtel de jeunes mineurs). L'une d'entre elles bénéficie d'une double prise en charge (ASE et PJJ). Une autre est à la fois suivie par la MDPH et par l'ASE. Toutes sont issues de familles où des violences intrafamiliales ont été constatées et ont subi négligence et maltraitance.

Il s'agit de « redonner des ailes » à ces jeunes filles que la vie a déjà blessées, malmenées, brisées. Il s'agit de leur proposer un espace où leur parole est libérée et portée. Un projet « sur mesure » qui leur rend la force nécessaire pour continuer à grandir et trouver leur place légitime dans notre société et s'y inscrire avec confiance.

Accompagnée par le service culture, art et territoire de la Seine-Saint-Denis, leur compagnie choisit de relever le défi !

Le projet

En s'inspirant de la figure mythologique d'Atalante[120], durant dix mois, Sophia et Sarah proposent aux jeunes filles différents ateliers de pratiques sportives et artistiques (ateliers de pratique du taekwondo, ateliers d'écriture à la table et au plateau, réalisation de mnémosynes[121] et création de tableaux performatifs). Quoi de plus inspirant pour ces jeunes filles aux trajectoires brisées, ballotées de familles d'accueil en hôtels sociaux que de s'identifier à Atalante ? Elles leur proposent d'en construire leur propre version.

Très vite, Sophia et Sarah prennent la mesure des immenses difficultés que rencontrent les personnels de l'ASE : manque de moyens et de personnels, gestion quasi permanente de situations

---

120. Allaitée par une ourse, élevée dans la forêt, chasseuse redoutable, cette « âpre fille à dompter », selon Élien le Sophiste, fait vœu de rester vierge et crible de flèches deux Minotaures qui tentent de la violer. Unique femme parmi les Argonautes, c'est aussi une coureuse redoutable qui massacre ses prétendants d'un lancer de javelot après les avoir dépassés à la course à pied. Dans certaines versions de son mythe, elle est métamorphosée en lionne : « Il y avait une femme [...] qui surpassait à la course même des hommes agiles, écrit Ovide. On n'aurait pu dire ce qu'on admirait le plus en elle, la vitesse de ses pieds ou le prestige de sa beauté. » Les récits qui dessinent la trajectoire de cette héroïne sont riches de références iconographiques. Son marrainage par Artémis montre qu'elle est soutenue par une communauté sororale qui la protège contre les violences et lui donne la possibilité de relever la tête et de prendre les armes.

121. Des associations d'idées, d'images sur un sujet. Par exemple, sur la fleur, vous allez compiler des images, des dessins, des textes qui vous évoquent des fleurs, la biologie de la fleur... Cela permet un lâcher-prise au niveau de l'imaginaire et par conséquent une meilleure connaissance de la personne (ici, les jeunes femmes) : ce qu'elles aiment ou pas, leurs références. Et souvent cela permet également d'ouvrir la parole.

d'urgence. Elles prennent également la mesure de l'engagement de Mme Kacem, Mme Matthias (éducatrices spécialisées) et Abanda (psychologue), déterminées à proposer le parcours aux jeunes filles qu'elles ont repérées, malgré des emplois du temps extrêmement chargés et complexes.

Elles comprennent aussi la volatilité de ces jeunes filles, qu'il faut relancer, aller chercher, retrouver (en cas de fugue) et soigner (le cas échéant) et qui sont sans cesse rattrapées par leurs vies quotidiennes complexes et violentes. Elles comprennent que ce sont elles qui donneront sa temporalité au projet.

Déterminées, Sophia et Sarah sont prêtes à s'adapter et mettent un point d'honneur à tenir parole et à être présentes, même si les adolescentes doivent leur faire faux bond au dernier moment. Celles-ci savent que Sophia et Sarah sont là.

À leur échelle, ce n'est qu'avec la collaboration des adultes de l'ASE engagées à leurs côtés qu'elles peuvent être en contact avec ces jeunes filles. Cependant, elles créent le cadre pour que ces rencontres soient possibles et le maintiennent fermement.

Finalement, après de longues attentes, des plannings revisités mois après mois, l'organisation d'ateliers individuels pour chaque adolescente, des larmes, des fous rires, des déclarations d'amour, des sorties au spectacle, des voyages en minibus, la visite d'un musée tout en pratiquant le yoga, la réalisation de soins naturels pour les cheveux, la naissance de la petite fille d'une des adolescentes et un nombre incalculable de goûters, elles écrivent ensemble une forme spectaculaire construite avec les mots des participantes, leurs paroles, leurs syntaxes, leurs souffles.

Dans cette restitution, il y a donc autant d'Atalantes que de jeunes filles. Autant de représentations singulières et actuelles d'une même figure dont chacune s'est librement emparée. Six Atalantes, six chants à déchiffrer, six seuils à dépasser.

La représentation a lieu dans le cadre magnifique du musée d'Art et d'Histoire Paul Éluard de Saint-Denis. Elle est programmée à l'occasion de l'exposition : « La mécanique de l'exploit. Le corps à l'épreuve du sport » organisée par le département de Seine-Saint-Denis pour les Jeux olympiques 2024.

Les voix des adolescentes et de leurs éducatrices résonnent au cœur du cloître de cet ancien couvent de carmélites, ayant accueilli princesses et grandes dames de France. Les visiteurs plongent dans le récit matrimonial et épique d'Atalante, figure féminine et toute-puissante surgie de l'Antiquité grecque. Ils découvrent aussi des jeunes filles fières et dignes, regards hauts et sourires jusqu'aux oreilles, qui leur racontent d'où elles viennent. Entre évocations de leur propre histoire et appropriation de cette figure mythique, ces jeunes filles campent leurs Atalantes : fières et blessées, abandonnées et battantes, salies et hiératiques.

Dans cet endroit du mouvement et du dépassement, chacune a su trouver une volonté de s'éloigner de la mort, du déterminisme social ou de soi-même. Atalante est un personnage en fuite perpétuelle qui quitte les mondes dans lesquels elle ne trouve pas ou plus sa place, qui fuit les hommes qui désirent la posséder pour mieux l'isoler. Mais elle nous prouve que malgré l'abandon et les violences, chacune peut se relever plus forte et combative que jamais et trouver dans un ailleurs un futur plus simple à réconcilier avec sa propre histoire.

Conclusion

À travers les chapitres précédents, nous avons identifié les défaillances majeures de notre système, généralement incapable d'assurer une protection complète aux mineurs. L'accès à des soins de qualité demeure difficile, malgré les graves conséquences durables de la maltraitance sur la santé mentale des enfants. De plus, la défense de leurs droits face à la justice est trop fréquemment négligée, un enjeu crucial non seulement pour les mineurs, mais aussi pour les parents ou proches qui cherchent à les protéger. Le manque de formation des différents acteurs de la protection de l'enfance entrave par ailleurs la compréhension des situations vécues par les enfants dans des foyers violents. Il est impératif de corriger ces dysfonctionnements pour améliorer le travail des professionnels.

Heureusement, des possibilités d'amélioration existent, et des efforts sont déployés pour proposer de vraies solutions. Une prise de conscience nationale, à la fois politique, juridique et sociétale, concernant la parole et le statut de l'enfant, se fait jour depuis quelques années. L'enfant ne peut plus être ignoré par notre système. Bien que des avancées législatives aient été réalisées pour mieux protéger les mineurs maltraités, celles-ci restent insuffisantes. Ces progrès ont été obtenus grâce au travail acharné de nombreux acteurs, notamment des professionnels, associations, militants, victimes, ainsi qu'à une forte mobilisation médiatique. Cependant, comme le soulignent Isabelle Santiago et Marie Tamarelle-Verhaeghe, le sujet de la protection des mineurs demeure en marge des réflexions politiques, alors qu'il nécessite une politique globale de protection de l'enfance. Inscrire des droits dans la loi ne suffit pas ; il est essentiel de garantir leur application effective.

Il convient de rendre hommage au travail inlassable de nombreux professionnels impliqués dans la lutte contre la maltraitance des mineurs, et de souligner leur précieuse contribution à la société. Les associations jouent un rôle indispensable dans la prise en charge des mineurs, particulièrement grâce à une approche pluridisciplinaire et formée au psychotraumatisme. Comme le propose l'association Women Safe & Children, qui offre un accompagnement médical et juridique gratuit, ainsi que des ateliers thérapeutiques pour aider les enfants à se reconstruire. Le sport et la culture, vecteurs de bien-être, sont également essentiels pour l'épanouissement des enfants. Cependant, des associations comme celle de Frédérique Martz peinent à obtenir les fonds nécessaires à leur mission et il devient urgent que l'État leur assure un financement pérenne.

L'équipe du docteur Barbara Tisseron à l'UAPED d'Orléans est un modèle d'inspiration et d'humanité pour le recueil de la parole des mineurs maltraités. Il est urgent de former des gendarmes spécialisés dans les auditions de mineurs, comme le recommande l'adjudant-chef Meslin et de les intégrer à temps plein dans les UAPED, dans le but d'appliquer le protocole NICHD. Cela éviterait les trop nombreux classements sans suite, utilisés par le parent agresseur devant la justice civile comme argument pour maintenir le lien avec son enfant, empêchant sa protection et le laissant en proie aux violences. Le manque de formation des forces de l'ordre et l'insuffisance des moyens humains et financiers compromettent ainsi la protection des enfants.

Les lacunes graves des politiques de protection de l'enfance ont des conséquences dramatiques, générant de la violence sur la violence. Il est urgent de reconnaître ce qui se passe au sein de l'aide sociale à l'enfance, où les travailleurs sociaux, malgré leurs efforts, sont souvent démunis face à des décisions judiciaires contraires à l'intérêt supérieur de l'enfant. Les retards dans la mise en place des mesures éducatives laissent des enfants dans des situations de maltraitance et aggravent leur traumatisme. Parfois les conséquences sont tragiques, allant jusqu'à l'infanticide. Le manque de formation des travailleurs sociaux peut également conduire à la minimisation de la violence conjugale et à l'instrumentalisation des mesures judiciaires, perpétuant ainsi les violences post-séparation sur les parents protecteurs et les enfants. Des initiatives bouleversantes comme le projet des

Atalantes, visant à sortir des adolescentes de la prostitution, sont cruciales et montrent la voie à suivre.

L'accès aux soins médicaux de qualité reste inégal, suivant les départements en France, avec des coûts financiers généralement prohibitifs. Les médecins, tels que le docteur Alvarez, qui proposent des thérapies innovantes comme la DBT pour améliorer la qualité de vie des mineurs, jouent un rôle clé dans ce processus.

Par ailleurs, il est essentiel que chaque mineur voie ses droits respectés, notamment grâce à la présence d'un avocat qui l'accompagne tout au long des procédures judiciaires, souvent interminables. Revaloriser le rôle de l'avocat des mineurs devient donc une urgence pour garantir la protection de leurs droits.

Les témoignages des professionnels montrent qu'il est désormais indispensable de briser les silos entre les différents acteurs de la protection de l'enfance, ainsi que de soutenir les parents protecteurs. La collaboration est essentielle pour garantir la sécurité des enfants. Ces professionnels nous rappellent qu'il est possible d'améliorer ce système, et que cela doit rester notre priorité collective.

On dit qu'il faut tout un village pour élever un enfant, mais il faut toute une société pour le protéger.

Conclusion
Au-delà des mots

« Toutes les grandes personnes ont d'abord été des enfants. Mais peu d'entre elles s'en souviennent. »[122] Cette citation d'Antoine de Saint-Exupéry reflète une vérité profonde : nous avons tous été enfants, mais combien d'entre nous ont oublié cette part de nous-mêmes ? Combien d'entre nous détournent le regard face aux violences faites aux enfants ? Combien choisissent le silence pour préserver une illusion de normalité, même au prix de la souffrance de ceux que nous devrions protéger ?

Cela est trop peu abordé dans les médias, hormis certains faits divers qui émeuvent, mais qui sont très vite remplacés par d'autres actualités... Qu'y a-t-il de plus important que la vie d'un enfant ?

Nous devrions nous questionner sur notre propre comportement, les chiffres parlent d'eux-mêmes, nous avons forcément un enfant victime dans notre entourage plus ou moins proche.

Il est crucial de reconnaître notre responsabilité en tant qu'adultes. Les enfants maltraités sont les victimes de notre lâcheté collective. Comment pouvons-nous espérer un avenir meilleur si nous continuons à fermer les yeux ? Ces enfants d'aujourd'hui seront les adultes de demain. Comment percevront-ils le monde que nous leur léguons ?

Est-ce raisonnable de continuer à maintenir un système judiciaire et de l'aide sociale à l'enfance dont le fonctionnement crée de la maltraitance institutionnelle envers les mineurs ? Qu'attendons-nous pour le changer ? Combien de drames, de morts de mineurs, faut-il compter encore ?

122. Antoine de Saint-Exupéry, *Le Petit Prince*, Paris, Éditions Gallimard, 1946.

Les témoignages extrêmement poignants des victimes révèlent une réalité troublante : les violences faites aux enfants ne sont pas l'œuvre de monstres, mais bien de personnes ordinaires, de tout statut social. Ce sont des pères, des mères, des oncles, des tantes, des membres de la famille, des amis, des voisins ou même des professionnels que nous côtoyons quotidiennement. Les parents maltraitants ne correspondent pas toujours à l'image que l'on se fait ; ils peuvent être parfaitement intégrés dans la société, ce qui rend la maltraitance d'autant plus difficile à détecter. Ces agresseurs savent manipuler habilement leur entourage et les professionnels, inversant parfois les rôles pour se faire passer pour des victimes.

Pour briser cette chaîne de violence, il est impératif d'intervenir tôt, de sortir les enfants des foyers violents avant qu'ils ne subissent des traumatismes encore plus graves dans un système qui peut parfois aggraver leur souffrance. Les failles de notre système doivent être corrigées de toute urgence, car il génère de la maltraitance institutionnelle.

L'héritage de la violence éducative n'est en aucun cas une fatalité. Grandir dans un foyer violent ne signifie pas que l'on va reproduire la violence de notre père ou de notre mère. En revanche, il est vrai que la plupart des agresseurs ont subi de la maltraitance infantile. Or de nombreux enfants deviendront les parents maltraitants de demain, faute d'éducation, de prise en charge et d'adultes les protégeant.

Le rapport au temps est crucial. Les témoignages de victimes de violences conjugales, qui veulent protéger leur enfant, font froid dans le dos : des enfants plongés durant presque une décennie dans des procédures judiciaires. Ces enfants passeront leur enfance et leur adolescence au cœur d'un système qui bien souvent va rajouter une violence institutionnelle inimaginable. Le système actuel impose aux mineurs de revivre sans cesse leurs traumatismes, prolongeant leur souffrance. Cela doit cesser.

Nous demandons aux enfants de parler, de libérer leur parole. Seulement, qu'advient-il réellement de cette délivrance ? Avons-nous les moyens humains et financiers de protéger tous ces enfants ? Il est temps d'être honnêtes : pour l'instant ce n'est pas le cas.

Le délaissement de la justice et de la protection de l'enfance par les politiques conduit à une situation dramatique qui ne pourra être résolue que par un investissement massif de milliards d'euros. Cette non-réponse est une invalidation de l'expérience traumatique comme nous l'a expliqué le docteur Alvarez. Nous sommes tous responsables de cette situation catastrophique. La protection de l'enfance ne devrait pas subir les enjeux électoraux et les instabilités politiques. Une continuité doit être assurée afin de garantir la pérennité du travail commencé. C'est vital.

Nous devons reconsidérer la place que nous accordons aux enfants dans notre société. Un enfant est un être humain à part entière, le plus vulnérable d'entre nous. Chaque enfant doit être considéré en fonction de sa singularité. Un enfant n'est jamais responsable des violences qu'un adulte lui fait subir. Les enfants n'ont pas les moyens de se défendre comme nous adultes.

Il est de notre devoir de les protéger, de leur offrir un environnement sécurisé et paisible, et de porter leur voix collectivement.

Actuellement, la protection des enfants n'a pas une voix unique, mais des voix. Nous avons été en première ligne avec nos enfants, Alice et D., plongés au cœur d'un système défaillant où leur protection s'est faite au prix d'une grande souffrance. Nous avons lutté pour changer un système qui semble trop souvent immuable.

En écrivant ce livre, notre démarche était de passer du « je » au « nous » pour montrer l'importance de s'écouter et d'être unis pour pouvoir faire avancer les choses. Il faut faire front commun. Il nous paraissait primordial que la société se confronte aux récits des victimes pour mettre en lumière les défaillances de nos institutions, mais aussi l'importance des témoignages des professionnels qui nous inspirent à essayer de faire autrement et toujours mieux dans l'intérêt des mineurs. La question des violences intrafamiliales est très complexe. Nous n'avons pas pu aborder tous les axes dans ce livre. Il faut une réelle politique engagée à long terme sur le sujet de la protection de l'enfance. Les ego surdimensionnés ne sont pas nécessaires et surtout profitables aux enfants. Il faut un pacte d'urgence. Nous avons besoin d'un réel électrochoc sur cette réalité. Nos voix doivent servir à identifier, analyser et agir, afin d'aider pour changer de paradigme.

Il est difficile d'estimer le nombre d'enfants concernés par les maltraitances conjugales par rebond, puisque les maltraitances conjugales elles-mêmes ne sont pas toutes signalées.

La capacité de celles et ceux qui ont vécu le pire à se relever, à tenir debout, à garder espoir, même dans les pires moments, force l'admiration. Ces témoignages de survivants sont des poussières d'étoile de courage, ils n'exposent pas leur vie pour divertir la galerie, mais pour servir. Ils nous imposent de nous remettre en question et de changer nos comportements. Nous souhaitons un monde dans lequel nos enfants puissent grandir en paix. Un monde dans lequel les enfants sont considérés comme des êtres humains à part entière et traités dans la plus grande des dignités et où leurs droits sont respectés.

Protéger les enfants ne doit pas rester une simple déclaration de principes, mais se traduire par des actions concrètes. Sauver un enfant, c'est sauver l'humanité. Nous devons nous rappeler que, au-delà des mots, ce sont les actes qui transformeront le monde de demain.

Préconisations

Propositions de Sandrine Bouchait, présidente de l'Union nationale des familles de féminicides (UNFF) pour un statut concernant les enfants et jeunes majeurs, victimes de féminicide :

1. Dispositions d'ordre psychologique (qui peuvent également s'appliquer pour les enfants témoins de tentative de meurtre)
   - Prise en charge immédiate par un psychologue spécialisé en psychotraumatologie
   - Prise en charge d'un suivi psychologique à long terme
2. Dispositions d'ordre judiciaire
   - Placement judiciaire/administratif en urgence des enfants mineurs et jeunes majeurs encore à la charge des parents
3. Dispositions d'ordre administratif
   a. Création d'un référent féminicide au sein de l'administration française (CAF, CPAM...) pour faciliter les démarches/renseignements
   b. Création d'une présomption de vulnérabilité psychologique des enfants entraînant :
      - La simplification des démarches administratives
      - L'accompagnement par le référent dans toutes les démarches administratives
4. Dispositions relatives à la vie quotidienne
   a. Hébergement en urgence des enfants à prévoir (voir spécificités des mineurs et jeunes majeurs)
   b. Éducation :
      - Accompagnement financier pour les études : bourse d'études
      - Accompagnement éducatif à l'autonomie (études, cadre professionnel)
5. Dispositions d'ordre bancaire/assurance
   a. Gel des avoirs contenus dans les contrats d'assurance-vie et du capital décès versé par la CPAM

b. Prévoir un cadre juridique général bloquant le versement des primes d'un CAV en cas de meurtre par conjoint jusqu'au jugement.
c. Suppression de la clause de solidarité dans les contrats de prêts, contrats d'assurance-mutuelle

6. Dispositions d'ordre successoral (à affiner avec la chambre des notaires)
   a. Simplification de la révocation des donations pour cause d'ingratitude (donation au dernier vivant ou testamentaire)
      - Suppression du délai d'un an de l'art. 957 du Code civil pour intenter l'action
      - Instaurer une révocation de plein droit
   b. Révocation des avantages matrimoniaux protégeant un conjoint survivant lors d'une communauté conventionnelle
   c. Révocation des clauses de tontine, prévoyant que le survivant sera rétroactivement propriétaire de l'intégralité du bien
7. Nettoyage de la scène traumatique pris en charge par l'État et effectué par une société référencée.

Dispositions pour les mineurs :

- Application du protocole féminicide *a minima* : prise en charge tripartite immédiate de l'enfant sur les plans juridique, administratif et médical
- Suspension de l'autorité parentale du parent assassin entre le jour du meurtre et celui du jugement définitif

Dispositions pour les jeunes majeurs (jeune de plus de dix-huit ans, non autonome financièrement, à la charge de ses parents et vivant au domicile, en études) :

- Accès de droit au contrat « Jeune Majeur » (CJM de l'ASE)

Politique

- Rétablir un vrai service de santé scolaire permettant d'assurer les dépistages dès la grande section et de suivre les enfants en situation difficile ou préoccupante.
- Former en continu les professionnels amenés à travailler autour des enfants.
- Créer dans chaque département une délégation des droits aux enfants pour appliquer la Convention des droits de l'enfant.

- Harmoniser la protection de l'enfance pour renforcer les systèmes de contrôle et d'évaluation d'instance de protection de l'enfance.
- Contrôler la bonne communication entre les différents acteurs de la protection de l'enfance.
- Systématiser une prise en charge accrue des enfants de l'aide sociale à l'enfance quasiment tous victimes de violences intrafamiliales.
- Automatiser la prise en charge psychologique par la Sécurité sociale des enfants soumis à des violences.
- Informer les élus des instances à saisir en cas de violence dans les familles ou établissements qui accueillent des enfants. Leur rappeler que c'est de leur devoir.
- Mettre en place, dès la maternelle, des programmes de prévention pour armer les enfants contre de potentiels agresseurs (exemple : le programme « Mon corps c'est mon corps » au Québec).
- Contrôler l'effectivité des lois en lien avec la protection des mineurs et leur application sur le territoire.
- Mettre en place un amendement visant à ce que les associations de la protection de l'enfance portent leurs responsabilités en cas de défaillance.
- Revoir le décret totalement obsolète relatif à l'encadrement des pouponnières qui date de 1974 (le décret prévoit un adulte pour six enfants le jour et trente enfants la nuit). Il faudrait mettre en place un taux d'encadrement d'un adulte pour trois enfants le jour et cinq enfants la nuit.

Médical

- Mieux former les médecins aux psychotraumatismes.
- Rendre plus accessibles les soins en psychotraumatisme pour les mineurs.
- Développer l'accès à la DBT sur tout le territoire et demander un remboursement de la Sécurité sociale pour les enfants victimes.
- Tenir compte des recommandations de la CIVIISE n° 1, en se focalisant sur l'entraînement des thérapeutes aux protocoles efficaces et fondés sur l'évidence scientifique.

- Protéger les médecins qui procèdent à des signalements pour secourir les mineurs.

Women Safe & Children

- Développer le modèle pluridisciplinaire de Women Safe & Children en l'adaptant à la réalité de chaque territoire.
- Continuer la prise en charge gratuite des mineurs et des femmes victimes.

UAPED

- Augmenter les moyens financiers et humains pour les UAPED.
- Développer les chiens d'assistance judiciaire dans les UAPED.
- Réunir les UAPED avec les Maisons des femmes sur de mêmes lieux.
- Créer une unité spécialisée de gendarmes formés au protocole NICHD à temps plein sept jours sur sept en UAPED.

Protection de l'enfance

- Améliorer les conditions de travail du personnel de l'ASE et revaloriser le salaire des travailleurs sociaux.
- Former en continu, notamment sur l'emprise et le contrôle coercitif dans le cadre de violences conjugales.
- Développer des projets comme Les Atalantes de Sophia Antoine et Sarah Mathon pour sortir les adolescentes de la prostitution.
- Contrôler régulièrement les établissements et les familles d'accueil accueillant des enfants placés.

Justice

- Augmenter l'aide juridictionnelle pour les avocats des mineurs.
- Octroyer de l'aide juridictionnelle dès le dépôt de plainte pour les mineurs.
- Faire rembourser les frais d'avocat dans leur intégralité par l'agresseur lorsqu'il y a une condamnation.
- Revoir le barème des assurances, totalement inadapté à la réalité des procédures judiciaires, notamment au civil.

- Revoir la TVA à 20 % sur les contrats d'avocat dans le cas de violence sur mineur et dès lors qu'on est victime.
- Faire des tribunaux spécialisés en violences intrafamiliales où des magistrats (JAF/JDE) travaillent en collégialité avec une temporalité courte.
- S'inspirer du système VIOGEN en Espagne où les informations des victimes et des agresseurs sont centralisées sur un logiciel, qui détermine le risque encouru par les femmes et les enfants.

Boîte à outils juridique par maître Godefroy Arnaud

Dépôt de plainte pour un mineur

Par principe, un mineur victime d'une infraction peut toujours déposer une plainte simple en se présentant à un commissariat ou à une gendarmerie. Cependant, ne disposant pas d'une capacité juridique, il doit être représenté par un de ses parents ou représentants légaux (tuteur ou curateur), par un ayant droit (grands-parents) ou par un administrateur *ad hoc*[123].

S'agissant de l'administrateur *ad hoc*, maître Godefroy rappelle qu'il est désigné par un juge dès lors que les parents ne peuvent pas défendre les intérêts de l'enfant mineur. C'est notamment le cas lorsque les parents sont concernés par les faits dont le mineur se plaint.

Dans l'hypothèse où la plainte est reçue par le parquet qui donne suite aux faits dénoncés, le mineur sera également représenté dans le cadre de l'enquête et/ou de l'instruction et sera représenté devant la juridiction de jugement (tribunal correctionnel ou cour d'assises).

Il en est de même dans l'hypothèse où la plainte est classée sans suite. Le mineur aura alors la possibilité de « forcer » la procédure en déposant une plainte avec constitution de partie civile, mais il devra être représenté par les mêmes personnes évoquées précédemment.

123. L'administration *ad hoc* permet la représentation d'un mineur non émancipé par un tiers, lorsque, dans une procédure, ses intérêts apparaissent en opposition avec ceux de ses représentants légaux ou lorsque ceux-ci sont dans l'incapacité de le représenter.

Un mineur a-t-il droit à l'aide juridictionnelle dans toutes les procédures judiciaires (civiles et pénales) ?

Sur le plan civil, l'article 9-1 de la loi du 10 juillet 1991 relative à l'aide juridique dispose que « dans toute procédure concernant le mineur entendu dans les conditions mentionnées à l'article 388-1 du Code civil, s'il choisit d'être entendu avec un avocat ou si le juge procède à la désignation d'un avocat, bénéficie du droit à l'aide juridictionnelle ».

Ainsi, dès lors que son discernement le permet, le mineur peut être assisté d'un avocat qui interviendra à l'aide juridictionnelle, que cela soit devant le juge aux affaires familiales ou le juge des enfants.

Sur le plan pénal et dans la mesure où l'on s'intéresse aux mineurs victimes, le bénéfice de l'aide juridictionnelle n'est pas automatique. Il va dépendre :

- Soit de la nature des faits (atteinte volontaire à la vie ou à l'intégrité physique du mineur et/ou de son ayant droit, etc.) ;
- Soit des conditions de ressources du foyer dont dépend le mineur.

Un mineur peut-il bénéficier d'un avocat lors du dépôt de plainte ?

L'article 10-2 du Code de procédure pénale autorise toute victime, y compris mineure, à se faire assister d'un avocat lors du dépôt de plainte.

En revanche, cette intervention ne sera pas prise en charge au titre de l'aide juridictionnelle, n'étant pas prévue dans la liste des diligences visées par la loi du 10 juillet 1991 et le décret du 28 décembre 2020.

Un mineur peut-il bénéficier de la CIVI ? Si oui, un avocat doit-il être présent si expertise pour le mineur ?

À titre préalable, la CIVI est la commission d'indemnisation des victimes d'infraction, une juridiction permettant aux victimes qui ont subi un préjudice corporel d'obtenir une indemnisation prise en charge par la solidarité nationale (Fonds de garantie des victimes d'actes de terrorisme et d'autres infractions, FGTI).

Pour que le mineur puisse bénéficier de cette procédure, il devra solliciter l'intervention d'un avocat habitué à ce type de contentieux afin d'éviter toute difficulté.

L'avocat en charge du dossier devra s'assurer que les préjudices dont se plaint la victime résultent de faits volontaires ou non qui présentent le caractère matériel d'une infraction. Il s'assurera par ailleurs d'un ensemble de critères précisés par l'article 706-3 du Code de procédure pénale, notamment que la personne lésée est de nationalité française ou que les faits ont été commis sur le territoire français.

La présence de l'avocat est à ce titre essentielle dans le cadre de l'expertise à venir, car il doit s'assurer que le dossier médical entier a été communiqué à l'expert judiciaire. Il doit également évoquer avec l'expert toutes les conséquences qu'a eues l'infraction sur la vie de la victime, discuter avec lui de l'ensemble des préjudices pour que l'indemnisation soit complète.

La phase d'indemnisation est souvent négligée par les avocats qui ne connaissent pas cette matière, alors même qu'elle offre la possibilité à la victime, en fin de processus, de compenser les conséquences négatives en lien avec l'événement. Plus précisément, pour le mineur, cela peut supposer la prise en charge d'un retard scolaire, de la nécessité d'une tierce personne, des souffrances endurées et des frais de santé (suivi psychiatrique et psychologique), des conséquences de l'événement sur son activité professionnelle future...

Qu'en est-il de l'obligation de la convention d'honoraires ?

Depuis le décret du 4 août 2017, l'avocat est dans l'obligation de faire régulariser une convention d'honoraires à son client pour lui indiquer les modalités d'intervention de son cabinet.

Cette obligation est naturelle pour éviter toute discussion postérieure sur le montant de l'intervention de l'avocat. Elle permet au client d'anticiper la facturation et de déterminer s'il a les moyens de financer la procédure. Elle offre en parallèle à l'avocat le confort d'avoir évoqué dès le premier entretien la question des honoraires afin que cela ne soit plus un sujet avec son client.

Pour être plus précis, les honoraires de l'avocat doivent tenir compte de la situation de fortune du client, de la difficulté de l'affaire, des frais exposés par l'avocat, de la notoriété de l'avocat et des diligences accomplies. Ces critères sont d'ordre déontologique, mais également d'ordre réglementaire dans la mesure où ils sont fixés par l'article 10 du décret du 30 juin 2023.

Cette convention d'honoraires n'est cependant pas obligatoire en matière d'aide juridictionnelle, sauf en cas d'insertion d'une clause dite de retour à meilleure fortune. Cette clause peut être convenue entre le client et l'avocat dans l'hypothèse d'un résultat financier favorable au bénéficiaire de l'aide juridictionnelle, notamment en cas d'indemnisation pour le préjudice corporel de la victime.

Remerciements

Nous tenons à remercier la maison d'édition Leduc, et tout particulièrement Mathilde et Marie, pour leur confiance et leur soutien dans ce projet qui nous tenait tant à cœur.

Nous exprimons également toute notre reconnaissance à Mélissa Theuriau pour avoir accepté d'écrire la préface de ce livre avec tant de sensibilité et d'engagement.

Un grand merci à Sophie Boutboul pour la relecture attentive du manuscrit et la justesse de ses conseils, qui nous ont été précieux.

Notre profonde gratitude va à toutes les personnes qui nous ont confié leur vécu douloureux. Merci pour votre accord et votre confiance, sans lesquels ces récits n'auraient pu voir le jour. Pour certaines d'entre vous, les larmes ont coulé à plusieurs reprises ; sachez que ces larmes contribueront à bâtir un monde meilleur pour nos enfants.

Nous remercions chaleureusement tous les professionnels engagés dans la protection des mineurs. Leur expertise précieuse, leur regard de terrain et le temps qu'ils nous ont consacré — malgré leur quotidien si chargé — ont été essentiels à l'élaboration de ce livre.

Un merci tout particulier à Orko, pour son accueil bienveillant à l'UAPED d'Orléans.

Nous adressons un immense merci à nos enfants, Alice et D., qui ont une fois encore fait preuve d'une grande patience face au temps que nous a demandé ce livre. Ils sont le moteur de notre engagement. C'est grâce à eux que nous trouvons la force et la détermination d'aller toujours plus loin.

Une pensée toute particulière à nos parents, à nos proches, pour leur soutien constant, ainsi qu'à Olivier, Alison et Christelle B. pour leur engagement indéfectible à nos côtés.

Chaque témoignage est une pierre précieuse à l'édifice de ce livre. Ensemble, ils forment un cri du cœur pour rendre visible ce que la société peine encore à regarder.